中国旅游统计年鉴

THE YEARBOOK OF CHINA TOURISM STATISTICS

2000

中华人民共和国国家旅游局
NATIONAL TOURISM ADMINISTRATION OF
THE PEOPLE'S REPUBLIC OF CHINA

中国旅游统计年鉴编辑委员会名单

LIST OF EDITORIAL BOARD OF THE YEARBOOK OF CHINA TOURISM STATISTICS

1980—1999年入境旅游人数和国际旅游（外汇）收入
ANNUAL VISITOR ARRIVALS AND TOURISM RECEIPTS,1980-1999

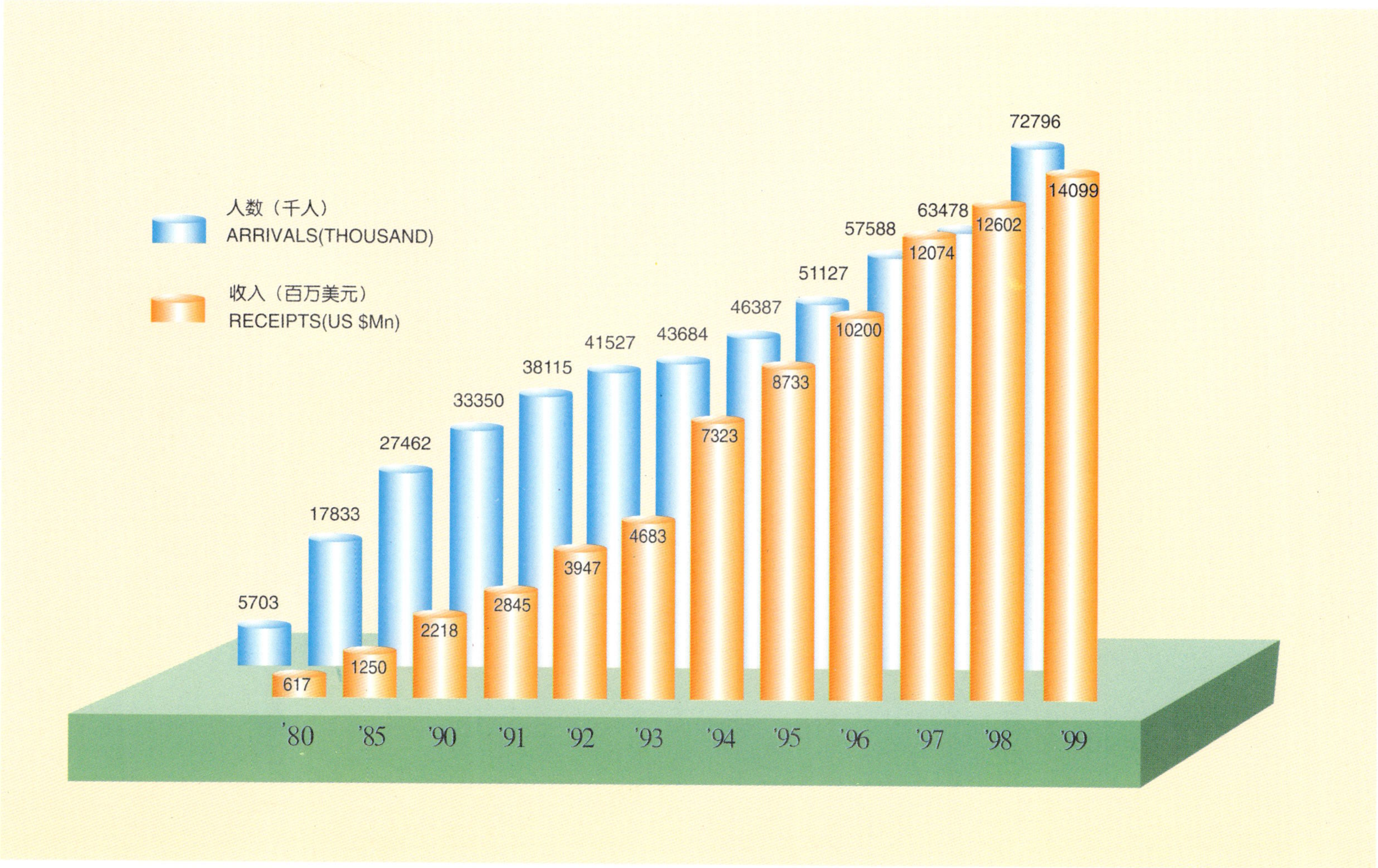

1980—1999年入境旅游人数和国际旅游（外汇）收入增长速度

ANNUAL INCREASING RATES OF VISITOR ARRIVALS AND TOURISM RECEIPTS,1980-1999

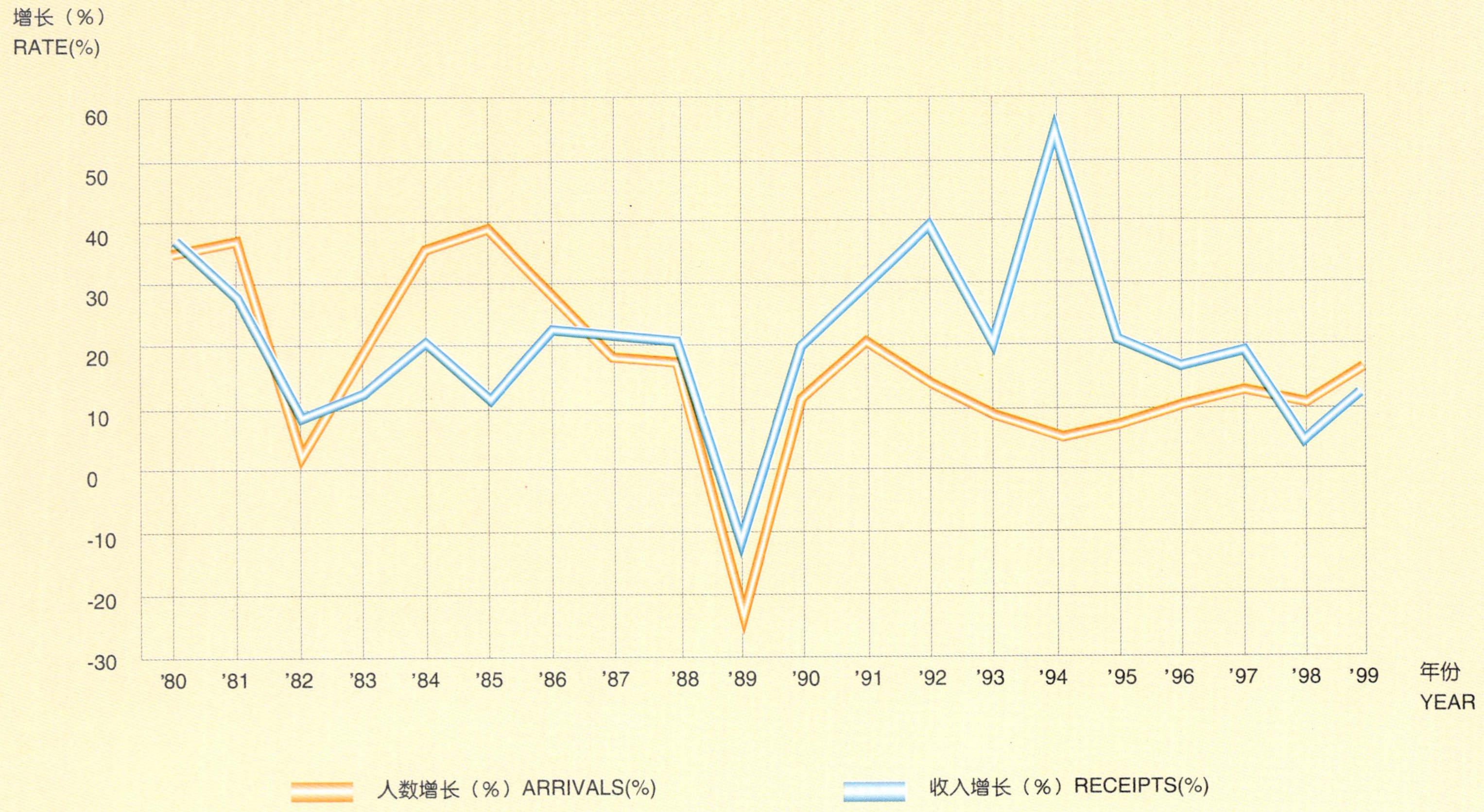

1998—1999年主要国家入境旅游人数
FOREIGN TOURIST ARRIVALS FROM THE MAIN GENERATING COUNTRIES,1998-1999

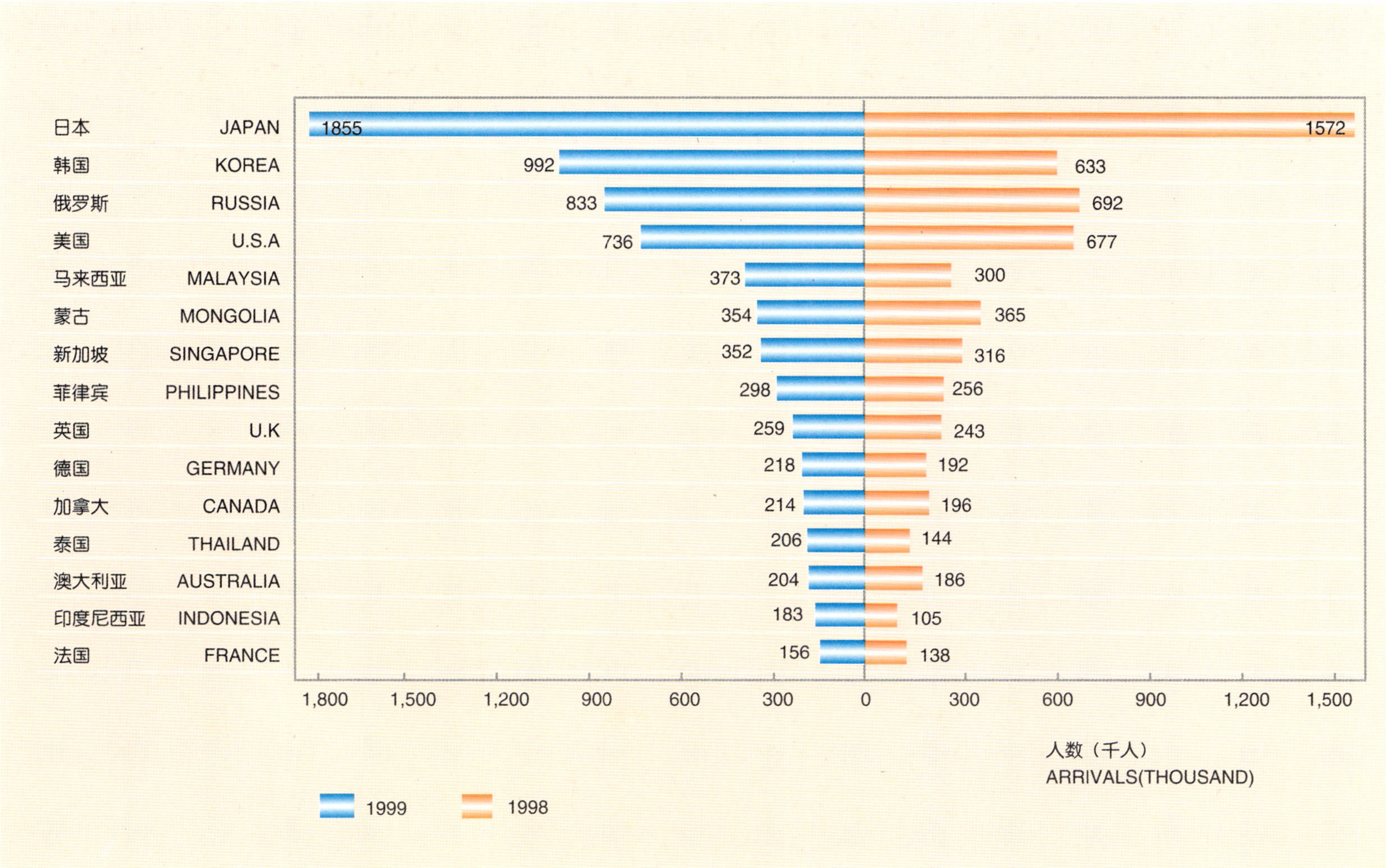

1997 — 1999 年各月入境外国旅游者人数

MONTHLY FOREIGN TOURIST ARRIVALS,1997 — 1999

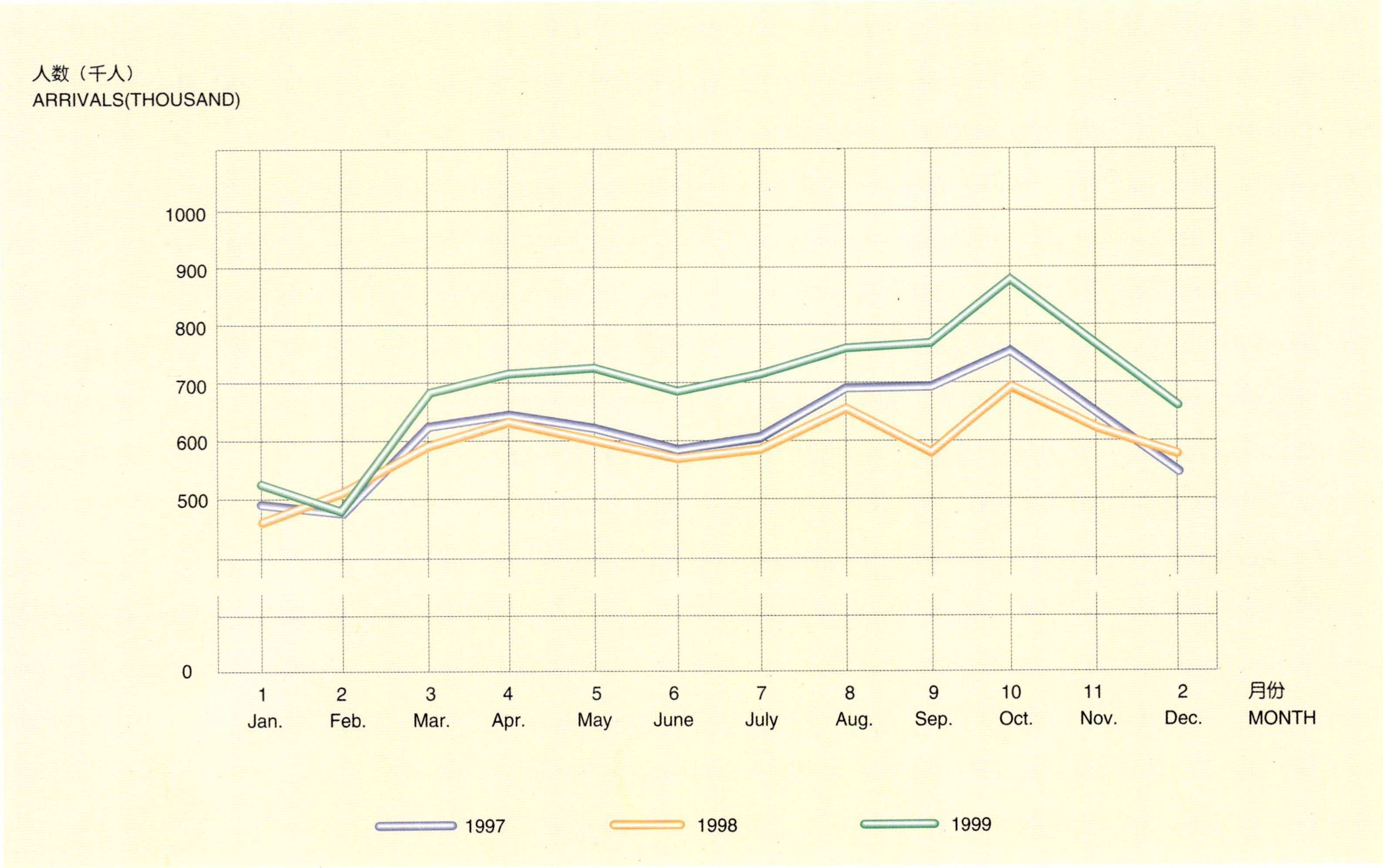

1999 年主要城市接待入境旅游者人数
ARRIVALS TO MAJOR CITIES,1999

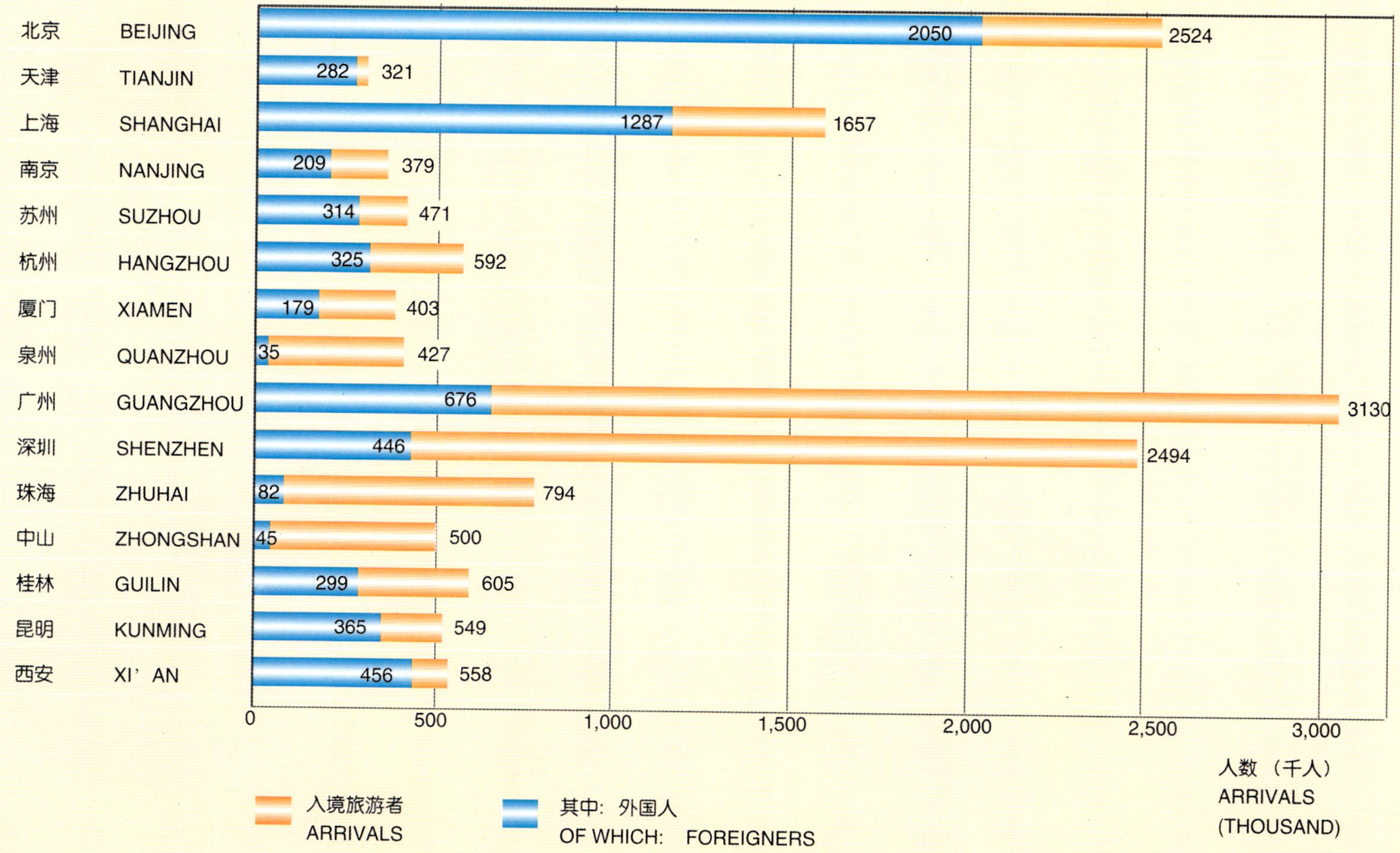

1999年星级饭店数及客房数
NUMBER OF STAR-RATED HOTELS & ROOMS,1999

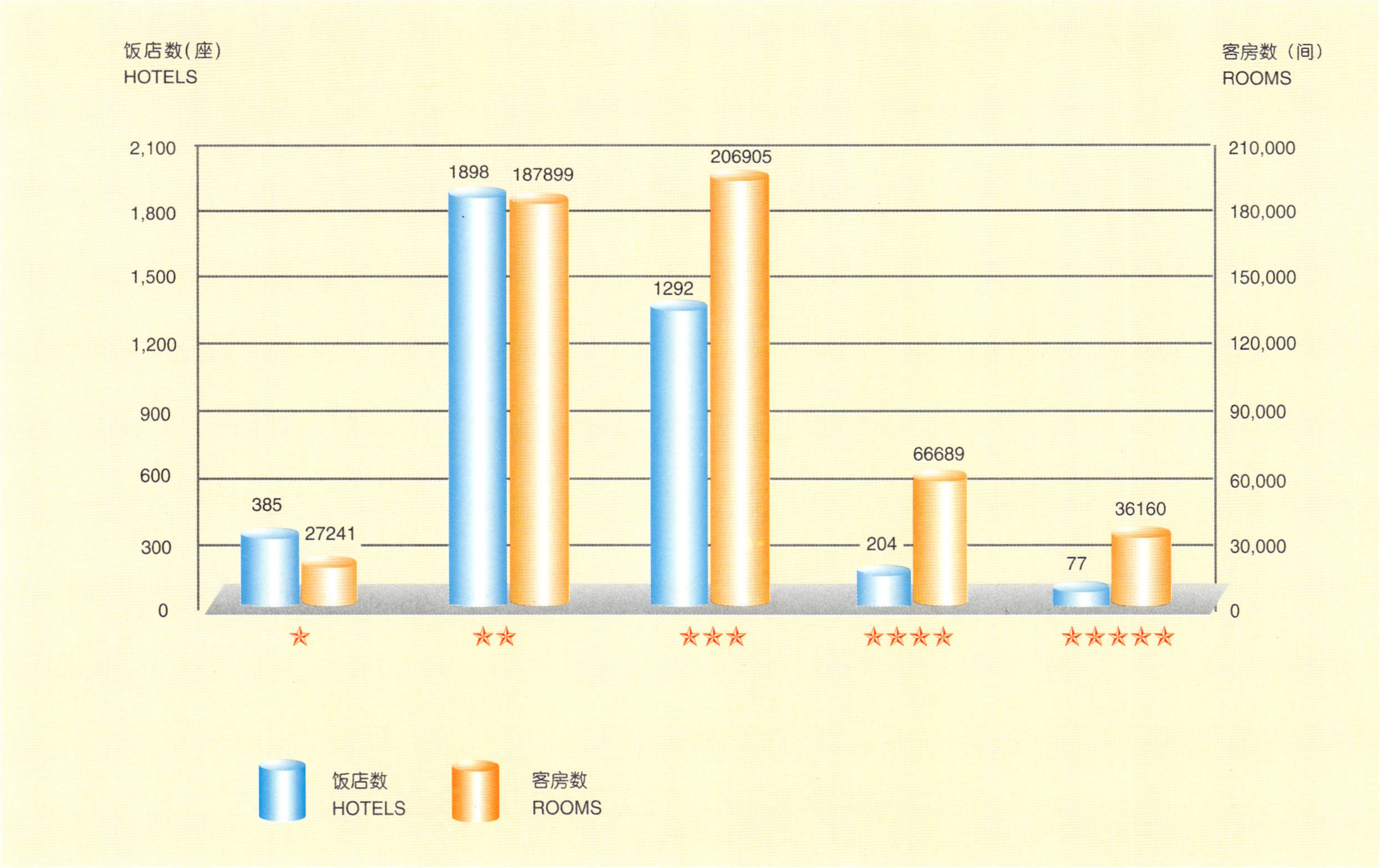

编 者 说 明

《中国旅游统计年鉴—2000》是一本全面反映1999年中华人民共和国旅游业发展情况的资料性年刊。全书为中英文对照版本,内容分为:1999年中国旅游业统计公报和入境旅游人数、入境外国旅游者主要特征、国际旅游(外汇)收入、国内旅游基本情况、地方接待入境旅游者情况、旅游涉外饭店基本情况、旅行社基本情况、旅游企事业基本情况等共八个部分的统计资料。

今年的年鉴在内容上作了一些调整,比往年增加了中国过夜旅游者在世界排名、入境旅游者在中国的消费情况,充实了国内旅游抽样调查的数据,删减了国、中、青旅行社集团外联情况等资料,并根据国家旅游局和国家统计局新修订的《旅游统计调查制度》对旅游统计指标解释作了重新修订。

本年鉴所附的《旅游统计基本概念和主要指标解释》,是对主要旅游统计指标的含义、统计范围和统计方法所作的简要说明。

本年鉴资料来源于全国各地旅游部门、统计部门和公安边检等部门。全国统计数据均未包括我国台湾省、香港特别行政区和澳门特别行政区的数字。本年鉴的统计数字是按国家旅游局、国家统计局联合制定的《旅游统计调查制度》规定的口径进行统计和汇总的,个别特殊的地方做了注释和说明。在编辑过程中,我们对1999年各月数字进行了核实、调整,读者在使用时如发现已经公布的统计数字与本年鉴数字不符,则以本年鉴数字为准。

本年鉴是了解中国旅游业1999年发展情况的权威性资料,可供旅游部门、国民经济各有关部门、教学科研单位以及旅游经济的科研人员、大专院校师生使用。海外旅游业同行、有关行业人士以及入境旅游的外国人、华侨、港澳台同胞亦可从中得到有关统计信息。

本年鉴中凡带有续表的资料,如有注解均加在第一张表下面,请读者使用时注意。表中有“#”号者表示为该栏的主要项或其中项;有“*”号者表示本表下有注解;空格处表示该项数据不详或以前年份无该项数据。统计表下注有资料来源单位,未注明的均为国家旅游局提供。

中国旅游统计年鉴编委会

二〇〇〇年五月

INTRODUCTION

The Yearbook of China Tourism Statistics for 2000 is a yearly review with information on the overall development of the tourism industry in the People's Republic of China in 1999. Written in English and Chinese, the information in this Yearbook covers eight aspects: Statistics Report on China's Tourism Industry in 1999 and tourist arrivals to China, major profile of international tourists to China, international tourism receipts, domestic tourism, business of different regions, business of hotels, business of travel agencies, travel enterprises and non - business institutions.

There are some alterations in this yearbook. The data on the rank of China's tourist arrivals and the expenditure of inbound tourists are added in the yearbook. The data on domestic tourism is enriched. The data on tourists received by CITS, CTS and CYTS is cut out. Based on Tourism Statistic System, the technical notes of the yearbook are revised.

A notes to the Index of Major Statistic Terms is attached at the end of the Yearbook, which gives a brief explanation of the meaning of main toruism statistics, scope and method of data - collecting.

The data of the Yearbook come from the tourism departments, statistical departments, and public security frontier departments throughout the country. The statistics of Taiwan Province, Hong Kong Special Administrative Region and Macau Special Administrative Region are not included. All the data are processed and compiled in line with the requirements set forth in the tourism statistics reporting system jointly formulated by the National Tourism Administration and the State Statistics Bureau, and explanatory notes are provided in some special cases. Re - check and re - adjustments have been made to the figures of each month in 1999, and if some inconsistency is found between the published figures and the figures in this Yearbook, the latter should be taken as authentic.

This Yearbook provides authoritative data on the development of China's tourism industry in 1999, which is useful to tourism departments, relevant departments of the national economy, education and research institutes, and students and teachers. The overseas travel trade, relevant people of the industry and foreign tourists to China, overseas Chinese, compatriots from Hong Kong, Macau and Taiwan can also benefit from this Yearbook.

In the Yearbook, wherever a table is continued on the next page, footnotes are given on the first page. The mark " # " denotes headline entry, while the mark " * " leads to footnotes. A blank cell means relevant data unclear or the relevant figure for previous years not available. Sources of the data are acknowledged beneath the table. All the unacknowledged data are provided by the National Tourism Administration.

May, 2000

Editing Committee of
the Yearbook of China Tourism Statistics

目　　录

CONTENTS

1999年中国旅游业统计公报

国　家　旅　游　局

2000年5月16日

1999年,是全国各地认真贯彻中央经济工作会议精神,大力培育和发展旅游业这个国民经济新的经济增长点的第一年。我国旅游业在发展环境方面进一步优化,发展势头更加迅猛,显示出新增长点的旺盛活力。全年旅游总收入4002.14亿元人民币,比上年增长16.4%,入境旅游、国内旅游、出境旅游全面发展。

一、入境旅游业实绩

1999年,中国入境旅游业主要指标全面增长。

——入境旅游人数达7279.56万人次,比上年增长14.7%,其中:外国人843.23万人次,比上年增长18.6%;港澳同胞6167.05万人次,比上年增长14.1%;台湾同胞258.46万人次,比上年增长18.9%。

——入境过夜旅游人数达2704.66万人次,比上年增长7.9%,由上年位居世界第6位上升至第5位。在入境过夜旅游人数中,外国人671.96万人次,比上年增长20.0%;港澳同胞1796.15万人次,比上年增长3.2%;台湾同胞225.73万人次,比上年增长15.6%。

——国际旅游(外汇)收入达140.99亿美元,比上年增长11.9%,继续居世界第7位,旅游外汇收入相当于当年我国外贸出口创汇的7.2%。

二、国内旅游业实绩

1999年,国内旅游进一步升温。国民旅游意识的增强和公共假期的延长,为国内旅游开辟了更加广阔的市场。1999年国内旅游呈现出的主要特点是:旺季提前、热点普遍、高潮迭起,节假日出游人数爆增。国内旅游强有力地带动了我国"假日经济"的发展,在拉动内需中发挥了突出作用。

——全国国内旅游人数达7.19亿人次,比上年增长3.6%。其中:城镇居民2.84亿人次,农民4.35亿人次。

——全国国内旅游收入2831.92亿元人民币,比上年增长18.4%。其中:城镇居民旅游消费1748.23亿元,农民旅游消费1083.69亿元。

——全国国内旅游出游人均花费394.0元,比上年增长14.4%。其中:城镇居民国内旅游出游人均花费614.8元，农村农民国内旅游出游人均花费249.5元。

——经旅行社承办接待的国内城镇游客人数为2274.72万人次(包括一日游游客)，占城镇国内旅游总人数的8.0%。

——国内旅游收入占全国旅游总收入的比重进一步提高，达70.8%，比上年提高1.3个百分点。

三、旅游业产业规模及从业人员*

根据1999年首次对国内旅游住宿设施(不包括旅游涉外饭店)抽样调查的结果，结合1999年对全国旅游涉外饭店和旅行社等单位的全面统计，到1999年末，全国共有各类旅游企事业单位24.92万个，其中旅游住宿设施23.70万个(包括：旅游涉外饭店0.70万个，社会旅馆7.29万个，个体旅馆15.71万个)；旅行社7326个，比上年末增长17.7%；旅游车船公司和主要旅游景点等其他旅游企业4882个，比上年末增长14.5%。

——到1999年末，全国旅游业共拥有固定资产原值5331.43亿元，其中：旅游住宿设施占91.1%(旅游涉外饭店占44.4%，社会旅馆占46.7%)，旅行社占1.5%，旅游车船公司和主要旅游景点等其他企事业单位占7.4%。

——到1999年末，全国旅游业直接从业人员512.13万人，其中：旅游住宿设施439.24万人，占85.8%(旅游涉外饭店121.60万人，社会旅馆284.64万人，个体旅馆33.00万人)，旅行社10.88万人，占2.1%，旅游车船公司和旅游景点等其他企事业单位62.00万人，占12.1%。全国旅游业间接从业人员约为2500万人。

四、旅游企业经营实绩

1999年，据对全国旅游涉外饭店、旅行社等19243家旅游企业统计汇总：

——营业收入合计为1626.65亿元，比上年增长12.9%；

——上缴营业税合计为63.06亿元，比上年下降3.0%；

——实现利税总额合计为42.06亿元，比上年下降8.6%，说明旅游企业的经济效益还未走出低谷。

五、入境旅游客源市场情况

我国入境旅游客源市场主要分为外国市场和港澳台地区市场两大部分。

1、外国市场：

1999年，外国旅华市场摆脱了亚洲金融危机的影响，创历史新高。全年入境外国游客843.23万人次，比上年增长18.6%，比历史最高水平的1997年增长

13.5%。客源国市场表现为：洲内市场大幅度反弹，洲际市场持续增长。

——亚洲客源市场大幅度反弹，入境旅游人数比上年增长23.38%，占入境外国人总数的60.5%，市场份额比上年增加2.3个百分点。其中韩国、印尼、泰国、马来西亚等市场增幅均在20%以上，最高达75%；作为我国第一大客源市场的日本，增势旺盛，入境旅游人数达185.52万人，比上年增长18.0%。

——洲际客源市场持续增长。欧洲、美洲、大洋洲客源分别比上年增长15.2%、8.2%、8.4%。俄罗斯、德国、法国实现两位数增长，增幅分别为20.4%、13.4%、12.7%。美国、英国、加拿大、澳大利亚入境旅游人数也有所增长。

——1999年，入境旅游外国人在境内的平均停留天数为7.0天，人均天花费为144.58美元/人天，分别比上年增加0.3天和3美元/人天，促进了我国国际旅游(外汇)收入的增长。各主要客源国1999年的入境旅游人数和增减情况如下：

序号	国家	入境旅游人数（万人）	比上年增减（%）
1	日本	185.52	18.0
2	韩国	99.20	56.8
3	俄罗斯	83.30	20.4
4	美国	73.64	8.7
5	马来西亚	37.29	24.2
6	蒙古	35.45	-2.8
7	新加坡	35.25	11.4
8	菲律宾	29.83	16.3
9	英国	25.89	6.6
10	德国	21.76	13.4
11	加拿大	21.37	9.1
12	泰国	20.64	43.0
13	澳大利亚	20.35	9.2
14	印度尼西亚	18.29	74.9
15	法国	15.56	12.7
16	印度	8.43	28.2
17	意大利	7.22	-0.4
18	荷兰	7.01	18.9
19	朝鲜	6.98	14.1
20	哈萨克斯坦	6.87	-28.4
21	越南	5.19	34.8

2、港澳台地区市场：

港澳台地区市场是入境旅游市场的主体。1999年，入境总人数继续保持了两位数的增长。

——1999年，港澳市场持续大幅度增长，入境人数达6167.06万人次，比上年增长14.05%，其中一日游人数达4370.91万人次，比上年增长19.2%，占港澳总体市场的70.9%。

——1999年，台湾市场又创新高，全年入境人数首次突破250万人，达258.46万人次，比上年增长18.9%。

六、分地区入境旅游接待与收入情况

1999年，各地发展旅游业的积极性空前高涨，'99中国生态环境游和昆明世界园艺博览会的成功举办，极大地促进了西南地区旅游业的发展，并且对全国生态环境旅游产品的发展产生了积极而深远的影响。

——1999年，全国各省、自治区、直辖市接待的入境旅游者总计为2496.63万人次，比上年增长13.9%。接待量超过30万人次的有广东、北京、上海、福建、江苏、云南、浙江、广西、陕西、山东、辽宁、海南、黑龙江、湖南、四川、河北、内蒙古、天津、湖北、河南等20个省(区、市)。广东接待入境旅游者876.02万人次，居全国第一位。

——1999年，全国各省、自治区、直辖市接待的外国旅游者总计为1200.14万人次，比上年增长15.0%。接待量超过20万人次的有北京、广东、上海、江苏、云南、浙江、陕西、山东、辽宁、广西、内蒙古、黑龙江、福建、河北、天津、湖北等16个省(区、市)。北京接待外国旅游者205.02万人次，居全国第一位。

——1999年，国际旅游(外汇)收入超过1亿美元的有广东、北京、上海、福建、江苏、浙江、云南、辽宁、陕西、山东、天津、广西、湖南、黑龙江、河北、内蒙古、河南、海南、湖北等19个省(区、市)，比上年又增加2个。广东省的旅游(外汇)收入达32.72亿美元，居全国第一位。按外汇收入多少排列，具体情况是：

序号	地区	国际旅游(外汇)收入(万美元)	接待入境旅游人数(万人次)
1	广东	327 245	876.02
2	北京	249 600	252.39
3	上海	136 433	165.68
4	福建	72 536	135.60
5	江苏	62 042	134.41

6	浙　江	41 008	94.78
7	云　南	35 033	104.00
8	辽　宁	30 444	49.13
9	陕　西	27 189	63.03
10	山　东	26 522	62.20
11	天　津	20 903	32.08
12	广　西	20 228	77.07
13	湖　南	18 545	38.58
14	黑龙江	14 788	40.71
15	河　北	12 410	37.09
16	内蒙古	11 979	36.84
17	河　南	11 352	30.01
18	海　南	10 506	45.65
19	湖　北	10 498	30.54

七、主要城市入境旅游接待与收入情况

——1999年，接待入境旅游者人数超过20万人次的城市有广州、北京、深圳、上海、珠海、桂林、杭州、西安、昆明、中山、苏州、泉州、厦门、南京、天津、大连、福州、青岛、无锡、成都、汕头等21个；另有重庆、沈阳、黄山、武汉、海口、长沙、三亚、哈尔滨、乌鲁木齐、秦皇岛、宁波、承德等12个城市的接待人数超过10万人次。这些主要旅游城市，共接待入境旅游者1855.96万人次，占全国接待入境旅游者总人次数74.3%。

——1999年，接待外国旅游者人数超过10万人次的城市有北京、上海、广州、西安、深圳、昆明、杭州、苏州、桂林、天津、南京、大连、厦门、青岛、沈阳、重庆、无锡、武汉、秦皇岛、成都、哈尔滨等21个。

——1999年，国际旅游(外汇)收入超过1亿美元的城市有北京、上海、广州、深圳、珠海、厦门、泉州、杭州、西安、天津、南京、大连、苏州、桂林、昆明、福州、青岛、中山、汕头等19个，比上年又增加4个；另有重庆、沈阳、无锡、长沙、武汉、成都、乌鲁木齐、烟台、郑州、秦皇岛等10个城市的国际旅游外汇收入超过5000万美元。北京市的国际旅游(外汇)收入达24.96亿美元，居全国城市第一位。按收入多少排列，具体情况是：

序号	城市	国际旅游(外汇)收入（万美元）	接待入境旅游人数（万人次）
1	北京	249 600	252.39
2	上海	136 433	165.68
3	广州	116 611	312.97
4	深圳	110 805	249.41
5	珠海	35 690	79.41
6	厦门	25 027	40.28
7	泉州	24 113	42.74
8	杭州	23 703	59.19
9	西安	22 525	55.76
10	天津	20 903	32.08
11	南京	20 106	37.89
12	大连	18 003	26.02
13	苏州	17 314	47.13
14	桂林	14 936	60.53
15	昆明	14 549	54.91
16	福州	11 882	24.96
17	青岛	11 445	22.80
18	中山	10 537	50.03
19	汕头	10 519	21.69

八、旅游涉外饭店的规模和经营情况

1999年,我国旅游涉外饭店在总体规模持续扩张的情况下,客房出租率止跌回升,营业收入、上缴税金等主要经济指标较上年有所提高。

——到1999年末,全国共有旅游涉外饭店7035家,比上年末增加1253家,增长21.7%;客房88.94万间,比上年末增加12.46万间,增长16.3%;床位176.98万张,比上年末增加24.56万张,增长16.1%。

——到1999年末,全国旅游涉外饭店共拥有固定资产原值2369.40亿元,比上年末增长12.5%。

——1999年,全国旅游涉外饭店平均客房出租率为53.4%,比上年提高1.7个百分点;其中:全国3856家星级饭店全年平均客房出租率为54.3 %,比上年提高2个百分点;全国4512家国有经济饭店全年平均客房出租率为51.5%,比上年提高1个百分点；全国719家外商和港澳台商投资饭店全年平均客房出租率为57.8%，比上年提高2.9个百分点。

——1999年，全国旅游涉外饭店营业收入总额为845.75亿元，比上年增长6.1%；上缴营业税42.70亿元，比上年增长8.1%；全员劳动生产率6.96万元/人，比上年下降4.0%。

——全国4512家国有经济饭店，1999年共实现营业收入374.38亿元，比上年增长2.9%；上缴营业税18.66亿元，比上年增长5.8%；全员劳动生产率5.50万元/人，比上年下降6.5%。

——全国外商和港澳台客商投资兴建的719家饭店，1999年共实现营业收入268.73亿元，比上年下降1.7%；上缴营业税13.35亿元，与上年持平；全员劳动生产率11.03万元/人，比上年增长2.1%。

——到1999年末，已评定星级的旅游涉外饭店3856家，比上年增加608家。其中：五星级饭店77家，增加13家；四星级饭店204家，增加28家；三星级饭店1292家，增加207家；二星级饭店1898家，增加288家；一星级饭店385家，增加72家。全国星级饭店共实现营业收入546.35亿元，比上年增长2.6%，占全国旅游涉外饭店营业收入总额的64.6%；上缴营业税27.21亿元，比上年增长4.1%。

——1999年营业收入超亿元的旅游涉外饭店共有74家，比上年减少7家。其中，营业收入在1－2亿元之间的有56家，比上年减少1家；2－3亿元之间的有10家，比上年减少4家；3亿元以上的有8家，比上年减少2家。营业收入最高的是南京金陵饭店，达5.01亿元。

——1999年，拥有客房500间以上的98家大型饭店，继续保持了较好的经济效益，共创利15.57亿元，利润率达8.1%，上缴税金9.57亿元，全员劳动生产率达18.36万元/人。

——1999年全国旅游涉外饭店规模及其经营情况，具体如下：

	饭店数（座）	客房数（万间）	床位数（万张）	营业收入（亿元）	客房出租率（%）
合　计	7035	88.94	176.98	845.75	53.41
按经济类型划分					
国有经济	4512	54.31	110.47	374.38	51.45
集体经济	1003	8.53	17.75	62.02	50.41
私营经济	174	1.29	2.57	8.69	52.14
联营经济	223	5.73	11.26	84.91	62.42
股份制经济	404	5.06	9.79	47.01	53.39
外商投资经济	472	9.08	16.22	175.96	57.46
港澳台商投资经济	247	4.93	8.93	92.78	58.40
按规模（客房数）划分					

500间以上	98	12.77	24.49	192.55	62.09
300－499间	312	11.49	20.71	149.56	55.14
200－299间	592	14.28	27.53	140.22	53.84
100－199间	2190	29.81	60.69	206.27	51.83
99间以下	3842	20.59	43.57	157.14	48.94
按饭店星级划分					
五星级	77	3.62	6.01	105.85	61.44
四星级	204	6.67	11.74	124.04	58.96
三星级	1292	20.69	40.05	210.52	55.43
二星级	1898	18.79	38.78	96.58	50.76
一星级	385	2.72	5.90	9.36	46.14
未评星级	3179	36.45	74.50	299.40	51.96

九、旅行社的规模和经营情况

1999年我国旅行社总量和规模扩大，接待人数和盈利水平比上年有较大增长。

——到1999年末，全国共有旅行社7326家，比上年末增加1104家。其中：国际旅行社1256家，比上年末减少56家；国内旅行社6070家，比上年末增加1160家。

——到1999年末，全国旅行社共拥有固定资产原值77.98亿元，比上年末增长1.0%。

——1999年，各类旅行社共实现营业收入323.97亿元，比上年增长29.3%；上缴营业税及附加2.67亿元，增长9.9%；实现利润总额6.23亿元，比上年增长86.5%。

——1999年，全国国际旅行社共招徕入境（过夜）旅游者384.52万人、1600.49万人天，人数和人天数分别比上年增长32.6%和42.3%。

——1999年，经过旅行社接待的入境过夜旅游者为709.79万人次，1745.29万人天，人数和人天数分别比上年增长46.7%和51.5%。1999年，经过旅行社接待的入境一日游游客为286.65万人次，比上年增长2.1%。

十、出境旅游情况

1999年，我国旅游业进一步扩大了对外开放。中国公民赴澳大利亚、新西兰的自费旅游业务正式开办，并增开了一批周边国家为中国公民自费出国旅游目的地，赴香港、澳门地区的旅游规模也在进一步扩大。

——1999年，中国公民出境人数为923.24万人次，比上年增长9.6%。其中：因公出境496.63万人次，比上年下降5.1%；因私出境426.61万人次，比上年增长33.7%。我国公民前往的目的地主要有香港、澳门地区和泰国、日本、俄罗斯、美国、韩国、新加坡、朝鲜、澳大利亚等国家。

——1999年，经旅行社组织出境旅游的人数为249.56万人次，比上年增长37.8%。经旅行社组织出境旅游的主要目的地依次是：香港、澳门、泰国、缅甸、越南、新加坡、马来西亚、俄罗斯、朝鲜、菲律宾。

十一、旅游教育培训情况

——到1999年末，全国共有高等旅游院校及开设旅游系（专业）的普通高等院校209所，比上年增加22所，在校学生5.40万人，比上年增加2.13万人；中等职业学校978所，比上年增加256所，在校学生22.24万人，比上年增加2.13万人。以上合计，旅游院校总数为1187所，在校学生为27.64万人。

——我国旅游业的快速发展对人才素质提出了更高要求，旅游行业在职人员的培训迅速增长，1999年全行业在职人员培训总量达79.02万人次，比上年增长41.7%。

注：* 1999年全国旅游业的产业规模及从业人员的统计口径发生了变化，新增加了国内旅游住宿设施的单位数、固定资产数和从业人数，故与上年有关数据不可直接对比。

Statistics Report on China's Tourism Industry in 1999

China National Tourism Administration

May, **2000**

In the spirit of the Meeting on Economic Affairs of the central government, 1999 was the first year when all local governments were activated to cultivate and develop tourism industry — the new economic growth point. The industry enjoyed a more favorable environment, and the momentum of growth was even stronger. The total tourism income amounted to 400.214 billion yuan, 16.4 percent over the previous year. Inbound tourism, domestic tourism and outbound tourism saw all-round growth.

1. Inbound Tourism

In 1999, all indicators of China's inbound tourism showed a considerable increase.

- The total number of international visitors to China was 72.7956 million, a 14.7 percent increase over the previous year, of whom 8.4323 million foreigners, a 18.6 percent increase; 61.6705 million compatriots form Hong Kong and Macau, a 14.1 percent increase; 2.5846 million compatriots from Taiwan province, a 18.9 percent increase respectively over the previous year.

- The total number of overnight visitors to China was 27.0466 million, up 7.9 percent over the previous year, which rose from number 6 to number 5 in the world list. Of the total visitors, 6.7196 million were foreigners, a 20.0 percent increase; 17.9615 million compatriots from Hong Kong and Macao, a 3.2 percent increase; 2.2573 million compatriots from Taiwan , a 15.6 percent increase over the previous year.

- The China's total international tourism foreign exchange receipts amounted to US $ 14.099 billion, up 11.9 percent over the previous year, continued to rank number 7 in the world list, an equivalent of 7.2 percent of the total foreign exchange receipts for China's export trade over the same year.

2. Domestic Tourism

In 1999, domestic tourism developed further. Stronger travel intension and longer public holidays opened up huge market potentials for domestic tourism. The main characteristics of domestic tourism in 1999 were: earlier high seasons, more hot areas, varieties of highlights, sharp increase of travelers in holidays and festivals. Domestic tourism strongly promoted the development of "holiday economy" and pulled the domestic demand.

- The number of domestic visitors totaled 719 million, up 3.6 percent over the previous year, including 284 million urban residents and 435 million rural residents.

- The total income of domestic tourism amounted to 283.192 billion yuan, up 18.4 percent over the previous year, in which 174.823 billion yuan were spent by urban residents and 108.369 billion yuan spent by rural residents.

– The average domestic tourism expenditure per capita was 394.0 yuan, an increase of 14.4 percent over the previous year, of which the average expenditure by urban residents was 614.8 yuan per person and average spending by rural residents was 249.5 yuan per person.

– The total number of urban tourists organized and received by travel agencies numbered 22.7472 million (including same – day visitors), representing 8.0 percent of the total number of urban tourists.

– The share of domestic tourism income increased further, representing 70.8 percent of the total tourism receipts from the international tourism and national tourism, up 1.3 percentage points over the previous year.

3. Scale of Tourism Industry and Number of Employees*

Based on the results of the first sample survey on domestic tourism accommodation establishments (except tourist hotels) in 1999 and the statistics of tourist hotels and travel agencies, by the end of 1999, there were 249.2 thousand travel – related business enterprises and non – business tourism institutions in China's tourism industry, which includes accommodation establishments 237 thousand (including 7000 tourist hotels, 72.9 thousand domestic tourism hotels, 157.1 thousand private-owned hotels); travel agencies 7326, up 17.7 percent over the previous year; coach and cruse companies and major scenic spots 4882, up 14.5 percent over the previous year.

– By the end of 1999, the total original value of fixed assets possessed by China's tourism industry was worth 533.143 billion yuan, including tourism accommodation establishments 91.1 percent (tourists hotels 44.4 percent, domestic tourism accommodation establishments 46.7 percent); travel agencies 1.5 percent, coach and cruse companies, scenic spots and other tourism companies 7.4 percent.

– By the end of 1999, the number of employees directly involved in tourism industry was 5.121 million, including 4.392 million or 85.8 percent in accommodation establishments (1216 thousand in tourist hotels, 2846.4 thousand in domestic tourism hotels, 330 thousand in private – owned hotels), 108.8 thousand or 2.1 percent in travel agencies, and 620 thousand in coach and cruse companies or tourist attractions. 25 million employees indirectly involved in tourism industry.

4. Operation Achievements of Travel and Tourism Enterprises

In 1999, the statistical summary of 19243 travel – related enterprises was as follows:

– The total amount of business earnings was 162.665 billion yuan, an increase of 12.9 percent over the previous year;

– The total amount of business tax paid was 6.306 billion yuan, a decrease of 3.0 percent over the previous year;

– The total amount of profit and tax was 4.206 billion yuan, down 8.6 percent over the previous year. This indicates that the tourism industry was still struggling with low economic returns.

5. Inbound Tourism Market

China's inbound market can be divided into foreign market and Hong Kong, Macau and Taiwan regional market.

(1) Foreign market:

In 1999, overcoming the negative impacts of Asian Financial Crisis, the foreign market hit its new record, with foreign arrivals totaled 8.4323 million, up 18.6 percent over the previous year and 13.5 percent over the historical high of 1997.

- Intra - Asian market experienced a sharp rebound. The tourist arrivals were 23.4 percent higher than the previous year, which made up 60.5 percent of total inbound foreign arrivals to China. The market share was 2.3 percentage points higher over the previous year. Republic of Korea, Indonesia, Thailand and Malaysia increased more than 20 percent, with the highest growth up to 75 percent. As the largest original country of China, Japan enjoyed a two - digit sharp growth, tourist arrivals were as high as 1.86 million, 18.0 percent over previous year.

- The inter - Asia market of China increased continually. Tourists from Europe, America and Oceania increased by 15.2 percent, 8.2 percent and 8.4 percent. Russian, Germany and France enjoyed two - digit growth, with tourists increasing 20.4 percent, 13.4 percent and 12.7 percent. Tourists from U.S.A, Britain, Canada and Australia also saw a growth.

- In 1999, foreign visitors had an average length of stay of 7.0 days and per capita daily expenditure totaling US $ 144.58, 0.3 day and US $ 3 more than those of the previous year, thus promoted the growth of international tourism receipts in foreign exchange.

The following is the arrivals breakdown from the top tourist generating countries to China in 1999:

Rank	Country	Arrivals (thousand)	Change over 1998 (%)
1.	Japan	1855.2	18.0
2.	ROK	992.0	56.8
3.	Russia	833.0	20.4
4.	U.S.A	736.4	8.7
5.	Malaysia	372.9	24.2
6.	Mongolia	354.5	-2.8
7.	Singapore	352.5	11.4
8.	Philippines	298.3	16.3
9.	Britain	258.9	6.6
10.	Germany	217.6	13.4
11.	Canada	213.7	9.1
12.	Thailand	206.4	43.0
13.	Australia	203.5	9.2

14.	Indonesia	182.9	74.9
15.	France	155.6	12.7
16.	India	84.3	28.2
17.	Italy	72.2	-0.4
18.	Netherlands	70.1	18.9
19.	DPRK	69.8	14.1
20.	Kazakhstan	68.7	-28.4
21.	Vietnam	51.9	34.8

(2) Hong Kong, Macao and Taiwan Regional Market

The market of Hong Kong, Macao and Taiwan is crucial to mainland China's inbound tourism. In 1999, the total arrivals from these regions remained a two - digit growth.

- In 1999, the market of Hong Kong and Macao increased greatly, with inbound tourists of 61.67 million, up 14.05 percent over the previous year, among whom 43.71 million were same - day visitors, up 19.2 percent over the previous year and making up 70.9 percent of this market.

- In 1999, affected by earthquake and political reasons in August and September, the speed of increase slowed down, but the market of Taiwan province reached the highest level, with 2.5846 million arrivals, up 18.9 percent over the previous year.

6. Inbound Tourists Arrivals and Receipts by Regions

In 1999, all regions showed high enthusiasm in developing tourism industry. The success of China Eco - tourism '99 and Kunming Horticulture Exhibition enhanced the development of tourism industry in south-west China, and had great positive effect on eco - tourism in China.

- In 1999, inbound tourists received by all the provinces, autonomous regions and municipalities totaled 24.9663 million, up 13.9 percent over the previous year. 20 provinces autonomous regions, and cities received more than 300 thousand visitors respectively such as Guangdong, Beijing, Shanghai, Fujian, Jiangsu, Yunnan, Zhejiang, Guangxi, Shaanxi, Shandong, Liaoning, Hainan, Heilongjiang, Hunan, Sichuan, Hebei, Inner Mongolia, Tianjin, Hubei and Henan. Guangdong ranked 1st with 8.7602 million overseas visitors received.

- In 1999, the total number of foreign tourists received by all the provinces, autonomous regions and municipalities was 12.0014 million, an increase of 15.0 percent over the previous year, 16 provinces, autonomous regions and municipalities received more than 200 thousand visitors. They were Beijing, Guangdong, Shanghai, Jiangsu, Yunnan, Zhejiang, Shaanxi, Shandong, Liaoning, Guangxi, Inner Mongolia, Heilongjiang, Fujian, Hebei, Tianjin and Hubei. Beijing ranked 1st with 2.0502 million foreign tourists received.

- In 1999, 19 provinces, autonomous regions and municipalities (17 in 1998) earned more than US $ 100 million from international tourism. They were Guangdong, Beijing, Shanghai, Fujian, Jiangsu, Zhejiang, Yunnan, Liaoning, Shaanxi, Shandong, Tianjin, Guangxi, Hunan, Heilongjiang, Hebei, Inner Mongolia, Henan, Hainan and Hubei. Guangdong province, with total annual receipts of US $ 3.272 billion, topped the table. The details are listed as follows:

Rank	Region	International Tourism Receipts (US $ millions)	Inbound Tourists (million)
1.	Guangdong	3272.45	8.7602
2.	Beijing	2496.00	2.5239
3.	Shanghai	1364.33	1.6568
4.	Fujian	725.36	1.3560
5.	Jiangsu	620.42	1.3441
6.	Zhejiang	410.08	0.9478
7.	Yunnan	350.33	1.0400
8.	Liaoning	304.44	0.4913
9.	Shaanxi	271.89	0.6303
10.	Shandong	265.22	0.6220
11.	Tianjin	209.03	0.3208
12.	Guangxi	202.28	0.7707
13.	Hunan	185.45	0.3858
14.	Heilongjiang	147.88	0.4071
15.	Hebei	124.10	0.3709
16.	Inner Mongolia	119.79	0.3684
17.	Henan	113.52	0.3001
18.	Hainan	105.06	0.4565
19.	Hubei	104.98	0.3054

7. Inbound Tourists Arrivals and Receipts in Major Cities

– In 1999, a total of 21 cities received more than 200 thousand overseas tourists. They were Guangzhou, Beijing, Shenzhen, Shanghai, Zhuhai, Guilin, Hangzhou, Xi'an, Kunming, Zhongshan, Suzhou, Quanzhou, Xiamen, Nanjing, Tianjin, Dalian, Fuzhou, Qingdao, Wuxi, Chengdu and Shantou; In addition, a total of 12 cities received more than 100 thousand overseas tourists. They were Chongqing, Shenyang, Huangshan, Wuhan, Haikou, Changsha, Sanya, Harbin, Urumuqi, Qinhuangdao, Ningbo and Chengde. These major tourist cities received 18.56 million overseas tourists in total, representing 74.3 percent of the total number of overseas tourists received nationwide.

– In 1999, 21 cities received more than 100 thousand foreign tourists respectively such as Beijing, Shanghai, Guangzhou, Xi'an, Shenzhen, Kunming, Hangzhou, Suzhou, Guilin, Tianjin, Nanjing, Dalian, Xiamen, Qingdao, Shenyang, Chongqing, Wuxi, Wuhan, Qinhuangdao, Chengdu and Harbin.

– In 1999, international tourism receipts of 19 cities (4 more than in 1998) reached more than US $ 100 million such as Beijing, Shanghai, Guangzhou, Shenzhen, Zhuhai, Xiamen, Quanzhou, Hangzhou, Xi'an, Tianjin, Nanjing, Dalian, Suzhou, Guilin, Kunming, Fuzhou, Qingdao, Zhongshan and Shantou. In addition, international tourism receipts of 10 cities respectively reached more than US $ 50 million. Beijing ranked 1st with US $ 2.496 billion. The top cities with US $ 100 million tourism earnings are listed as follows by amount of their receipts in foreign exchange:

Rank	Region	International Tourism Receipts (US $ millions)	Inbound Tourists (million)
1.	Beijing	2496.00	2.5239
2.	Shanghai	1364.33	1.6568
3.	Guangzhou	1166.11	3.1297
4.	Shenzhen	1108.05	2.4941
5.	Zhuhai	356.90	0.7941
6.	Xiamen	250.27	0.4028
7.	Quanzhou	241.13	0.4274
8.	Hangzhou	237.03	0.5919
9.	Xi'an	225.25	0.5576
10.	Tianjin	209.03	0.3208
11.	Nanjing	201.06	0.3789
12.	Dalian	180.03	0.2602
13.	Suzhou	173.14	0.4713
14.	Guilin	149.36	0.6053
15.	Kunming	145.49	0.5491
16.	Fuzhou	118.82	0.2496
17.	Qingdao	114.45	0.2280
18.	Zhongshan	105.37	0.5003
19.	Shantou	105.19	0.2169

8. Scale and Business of Tourist Hotels and Establishments

In 1999, the scale of China's tourist hotels continued to expand and the occupancy rate stopped declining. Moreover, the total business income and tax payment moderately increased.

– By the end of 1999, there were a total of 7035 tourist hotels and establishments in China, up 21.7 percent over the previous year, with a total of 889,400 rooms, 124,600 more over the end of the previous year, up 16.3 percent; a total of 1.7698 million beds, 245,600 more over the end of the previous year, up 16.1 percent.

– By the end of 1999, the original value of fixed assets owned by tourist hotels and establishments nationwide amounted to 236.94billion yuan, up 12.5 percent over the previous year.

– By the end of 1999, the average occupancy rate of tourist hotels and establishments nationwide was 53.4 percent, 1.7 percentage points higher than the previous year, among which the annual average occupancy rate of 3856 star – rated tourist hotels was 54.3 percent, 2 percentage points higher than the previous year; that of 4512 state – owned tourist hotels was 51.5 percent, 1 percentage point higher than the previous year; that of 719 tourist hotels with foreign capital and investment from Hong Kong, Macao and Taiwan was 57.8 percent, 2.9 percentage points higher than the previous year.

– In 1999, the yearly total business income of hotels amounted to 84.575 billion yuan, up 6.1 percent over the previous year; the business tax was 4.270 billion yuan, up 8.1 percent over the previous year; Per capita output was 69.6 thousand yuan, down 4.0 percent over the previous year.

– There were a total of 4512 state – owned hotels in China. In 1999, their total business income amounted to 37.438 billion yuan, up 2.9 percent over the previous year; the business tax was 1.866 billion yuan, up 5.8 percent over the previous year; Per capita output was 55,000 yuan, down 6.5 percent over the previous year.

– A total of 719 tourist hotels were built by foreign capital and investment from Hong Kong, Macao and Taiwan. In 1999, their total business earnings amounted to 26.873 billion yuan, down 1.7 percent over the previous year; the business tax was 1.335 billion yuan, same as the previous year; Per capita output was 110,300 yuan, up 2.1 percent over the previous year.

– By the end of 1999, the total number of star – rated tourist hotels was 3856, 608 more than the previous year, including 77 five – star hotels by adding 13; 204 four – star hotels by adding 28; 1292 three – star hotels by adding 207; 1898 two – star hotels by adding 288 and 385 one – star hotels by adding 72. The total business income of all the star – rated hotels nationwide amounted to 54.635 billion yuan, up 2.6 percent over the previous year, representing 64.6 percent of the total income of tourist hotels nationwide; the business tax was 2.721 billion yuan, up 4.1 percent over the previous year.

– In 1999, there were 74 tourist hotels and establishments with business income exceeding 100 million yuan, 7 hotels less than the previous year, among which 56 hotels had a business income between 100 million yuan and 200 million yuan, 1 less than the previous year; 10 hotels had an income between 200 million and 300 million yuan, 4 less than the previous year; income of 8 hotels was more than 300 million yuan, 2 less than the previous year. Nanjing Jinling hotel topped the table with a total income of 501 million yuan.

– In 1999, 98 large hotels with over 500 hotel rooms achieved good economic results with total profit of 1.557 billion yuan, profit rate of 8.1 percent, business tax of 957 million yuan, and the per capita output was 183.6 thousand yuan.

– The scale and business of all the tourist hotels nationwide in 1999 were seen as follows:

	Hotels	Rooms (1000)	Beds (1000)	Revenue (billion)	Occupancy (%)
Total	7035	889.4	1769.8	84.575	53.41
by economic types					
state - owned	4512	543.1	1104.7	37.438	51.45
collective - owned	1003	85.3	177.5	6.202	50.41
private - owned	174	12.9	25.7	0.869	52.14
alliance	223	57.3	112.6	8.491	62.42
share - stock	404	50.6	97.9	4.701	53.39
foreign - invested	472	90.8	162.2	17.596	57.46
H.K, Macao, Taiwan - invested	247	49.3	89.3	9.278	58.40
by scale					
room numbers					
over 500	98	127.7	244.9	19.255	62.09
between 300 - 499	312	114.9	207.1	14.956	55.14
between 200 - 299	592	142.8	275.3	14.022	53.84
between 100 - 199	2190	298.1	606.9	20.627	51.83
below 99	3842	205.9	435.7	15.714	48.94
by star - rating					
5 - star	77	36.2	60.1	10.585	61.44
4 - star	204	66.7	117.4	12.404	58.96
3 - star	1292	206.9	400.5	21.052	55.43
2 - star	1898	187.9	387.8	9.658	50.76
1 - star	385	27.2	59.0	0.936	46.14
non - star	3179	364.5	745.0	29.940	51.96

9. Scale and Business of Travel Agencies

In 1999, the receiving capacity of China's travel agencies continued to expand. The number of received tourists and the level of profit also increased.

- By the end of 1999, there were altogether 7326 travel agencies, 1104 more than the end of the previous year, including 1256 international travel agencies, 56 less than the end of the previous year; 6070 domestic travel agencies, 1160 more than the end of the previous year.

- By the end of 1999, the original value of fixed assets owned by travel agencies nationwide amounted to 7.798 billion yuan, up 1.0 percent over the previous year.

- In 1999, the total business income of all travel agencies amounted 32.397 billion yuan, up 29.3 percent over the previous year. Business tax and additional charge were 267 million yuan, up

9.9 percent over the previous year. The total amount of profit was 623 million yuan, up 86.5 percent over the previous year;

– In 1999, the total number of overnight inbound tourists received by all the international travel agencies was 3.8452 million and 16.0049 million person/night. The number of tourists and the days of their stay increased by 32.6 percent and 42.3 percent respectively over the previous year.

– In 1999, the total number of overnight inbound tourists received by all the travel agencies was 7.0979 million and 17.4529 million person/night, which was up 46.7 percent and 51.5 percent respectively over the previous year; the total number of same – day visitors numbered 2.8665 million, up 2.1 percent over the previous year.

10. Outbound Travel

In 1999, the tourism industry opened further to the outside. Outbound travel of Chinese citizens to Australia and New Zealand formally started, more neighboring countries were approved as the new destination countries; the number of tourists going to Hong Kong and Macao continued to grow.

– In 1999, the total number of Chinese outbound visitors was 9.2324 million, up 9.6 percent over the previous year, in which 4.9663 million Chinese nationals traveled for public affairs, down 5.1 percent over the previous year; 4.2661 million for private purpose, up 33.7 percent over the previous year. Hong Kong, Macao, Thailand, Japan, Russian, U.S.A, ROK, Singapore, DPRK and Australia were the main destinations of Chinese outbound visitors for private purpose.

– In 1999, the total number of Chinese outbound visitors organized by travel agencies was 2.4956 million, up 37.8 percent over the previous year. The destinations of outbound travel for Chinese nationals organized by travel agencies were Hong Kong SAR, Macao, Thailand, Myanmar, Vietnam, Singapore, Malaysia, Russia, DPRK and the Philippines.

11. Tourism Education and Training

– By the end of 1999, there were 209 higher learning institutes and colleges with tourism departments, 22 more than last year, with an enrollment of 54,000 students which were 21,300 more than 1998; there were 978 medium – level professional schools, 256 more than the previous year with an enrollment of 222.4 thousand students, 21,300 thousand more than the previous year; To sum up the above figures, there were totally 1187 schools with an enrollment of 276,400 students.

– The rapid growth of tourism industry brought about growing demand for human resource. The in – service training increased greatly. In 1999, 790.2 thousand employees participated in training programs, 41.7 percent higher than the previous year.

Note: The statistical approach to the business scale and employment for 1999 changed to include tourist accommodation establishments for domestic tourism, thus, the fixed assets values and employment are not comparable with those of the previous year.

一、入境旅游人数

1. INTERNATIONAL VISITOR ARRIVALS TO CHINA

1－1 1978—1999年中国入境过夜旅游者人数和国际旅游(外汇)收入的世界排名

RANK OF CHINA'S TOURIST ARRIVALS & TOURISM RECEIPTS IN THE WORLD,1978－1999

年　份 YEAR	过夜旅游者人数(万人次) TOURIST ARRIVALS (THE THOUS.)	世界排名 RANK	国际旅游(外汇)收入(亿美元) TOURISM RECEIPTS (100Mn.US $)	世界排名 RANK
1978	71.60	—	2.63	—
1979	152.90	—	4.49	—
1980	350.00	18	6.17	34
1981	376.70	17	7.85	34
1982	392.40	16	8.43	29
1983	379.10	16	9.41	26
1984	514.10	14	11.31	21
1985	713.30	13	12.50	21
1986	900.10	12	15.31	22
1987	1 076.00	12	18.62	26
1988	1 236.10	10	22.47	26
1989	936.10	12	18.60	27
1990	1 048.40	11	22.18	25
1991	1 246.40	12	28.45	21
1992	1 651.20	9	39.47	17
1993	1 898.20	7	46.83	15
1994	2 107.00	6	73.23	10
1995	2 003.40	8	87.33	10
1996	2 276.50	6	102.00	9
1997	2 377.00	6	120.74	8
1998	2 507.29	6	126.02	7
1999	2 704.66	5	140.99	7

资料来源:世界旅游组织

SOURCE:WORLD TOURISM ORGANIZATION

1－2 1978—1999 年入境旅游人数
ANNUAL VISITOR ARRIVALS 1978－1999

单 位:人
UNIT:PERSON

年 份 YEAR	总 计 TOTAL	外 国 人 FOREIGN－ERS	华 侨 OVERSEAS CHINESE	港澳台同胞 * COMPA－TRIOTS	# 台湾同胞 TAIWAN PROVINCE
1978	1 809 221	229 646	18 092	1 561 483	
1979	4 203 901	362 389	20 910	3 820 602	
1980	5 702 536	529 124	34 413	5 138 999	
1981	7 767 096	675 153	38 856	7 053 087	
1982	7 924 261	764 497	42 745	7 117 019	
1983	9 477 005	872 511	40 352	8 564 142	
1984	12 852 185	1 134 267	47 498	11 670 420	
1985	17 833 097	1 370 462	84 827	16 377 808	
1986	22 819 450	1 482 276	68 133	21 269 041	
1987	26 902 267	1 727 821	87 031	25 087 415	
1988	31 694 804	1 842 206	79 348	29 773 250	437 700
1989	24 501 394	1 460 970	68 556	22 971 868	541 000
1990	27 461 821	1 747 315	91 090	25 623 416	948 000
1991	33 349 757	2 710 103	133 427	30 506 227	946 632
1992	38 114 945	4 006 427	165 077	33 943 441	1 317 770
1993	41 526 945	4 655 857	166 182	36 704 906	1 526 969
1994	43 684 456	5 182 060	115 245	38 387 151	1 390 215
1995	46 386 511	5 886 716	115 818	40 383 977	1 532 309
1996	51 127 516	6 744 334	154 601	44 228 581	1 733 897
1997	57 587 923	7 428 006	99 004	50 060 913	2 117 576
1998	63 478 401	7 107 747	120 704	56 249 950	2 174 602
1999	72 795 594	8 432 296	108 141	64 255 157	2 584 648

资料来源:公安部

SOURCE: MINISTRY OF PUBLIC SECURITY

NOTE: * COMPATRIOTS FROM HONG KONG, MACAU AND TAIWAN PROVINCE.

1－3　1999年各月入境旅游人数
MONTHLY VISITOR ARRIVALS 1999

单　位:人
UNIT:PERSON

月　份	MONTH	总　计 TOTAL	外国人 FOREI－GNERS	华　侨 OVER－SEAS CHINESE	港澳同胞 HONG KONG & MACAU	台湾同胞 TAIWAN PROVINCE
全　年	**WHOLE YEAR**	**72 795 594**	**8 432 296**	**108 141**	**61 670 509**	**2 584 648**
一　月	JAN.	5 459 395	529 323	9 818	4 746 310	173 944
二　月	FEB.	5 537 595	494 216	9 465	4 852 858	181 056
三　月	MAR.	5 593 854	690 393	10 380	4 695 218	197 863
四　月	APR.	6 421 383	716 292	9 240	5 450 645	245 206
五　月	MAY	5 815 811	724 188	8 994	4 857 241	225 388
六　月	JUNE	5 858 376	693 599	9 284	4 942 110	213 383
七　月	JULY	6 263 759	718 341	9 696	5 285 575	250 147
八　月	AUG.	6 402 170	769 209	8 192	5 391 679	233 090
九　月	SEP.	5 903 249	769 967	8 451	4 910 699	214 132
十　月	OCT.	6 499 834	887 492	8 315	5 372 727	231 300
十一月	NOV.	6 469 836	776 649	7 647	5 462 660	222 880
十二月	DEC.	6 570 332	662 627	8 659	5 702 787	196 259

资料来源：公安部
SOURCE:MINISTRY OF PUBLIC SECURITY

1－4 1999年各月入境旅游人数(按入境方式分)

MONTHLY VISITOR ARRIVALS BY MODE OF TRANSPORT 1999

单 位:人
UNIT:PERSON

月 份 MONTH	总 计 TOTAL	船 舶 SEA	飞 机 AIR	火 车 RAIL	汽 车 MOTOR	徒 步 FOOT
全 年 WHOLE YEAR	**72 795 594**	**3 814 253**	**6 626 545**	**1 015 717**	**11 918 211**	**49 420 868**
一 月 JAN.	5 459 395	258 489	382 208	63 489	784 546	3 970 663
二 月 FEB.	5 537 593	341 756	453 527	73 917	771 627	3 896 766
三 月 MAR.	5 593 856	288 571	543 412	71 853	961 839	3 728 181
四 月 APR.	6 421 383	390 492	598 261	91 909	1 062 490	4 278 231
五 月 MAY	5 815 811	289 502	580 824	68 500	973 324	3 903 661
六 月 JUNE	5 858 376	284 440	537 391	72 558	991 263	3 972 724
七 月 JULY	6 263 759	331 765	596 566	94 514	1 076 351	4 164 563
八 月 AUG.	6 402 170	346 546	614 848	94 443	1 070 470	4 275 863
九 月 SEP.	5 903 249	288 365	609 071	86 554	988 115	3 931 144
十 月 OCT.	6 499 834	353 328	679 375	109 243	1 084 662	4 273 226
十一月 NOV.	6 469 836	308 397	568 655	93 350	1 073 513	4 425 921
十二月 DEC.	6 570 332	332 602	462 407	95 387	1 080 011	4 599 925

资料来源:公安部
SOURCE: MINISTRY OF PUBLIC SECURITY

1-5 1998—1999年主要客源国入境旅游人数

FOREIGN VISITOR ARRIVALS FROM THE MAIN GENERATING COUNTRIES 1998-1999

单 位:人
UNIT:PERSON

国籍 NATIONALITY		1999年 1999	1998年 1998	1999年比1998年增长(%) GROWTH 1999/1998(%)
总计	**TOTAL**	**8 432 296**	**7 107 747**	**18.6**
其中	OF WHICH			
日本	JAPAN	1 855 197	1 572 054	18.0
韩国	KOREA	991 979	632 806	56.8
俄罗斯	RUSSIA	832 995	692 000	20.4
美国	U.S.A	736 386	677 311	8.7
马来西亚	MALAYSIA	372 870	300 119	24.2
蒙古	MONGOLIA	354 459	364 761	-2.8
新加坡	SINGAPORE	352 479	316 434	11.4
菲律宾	PHILIPPINES	298 285	256 498	16.3
英国	UNITED KINGDOM	258 894	242 872	6.6
德国	GERMANY	217 632	191 888	13.4
加拿大	CANADA	213 699	195 953	9.1
泰国	THAILAND	206 424	144 332	43.0
澳大利亚	AUSTRALIA	203 539	186 438	9.2
印度尼西亚	INDONESIA	182 904	104 602	74.9
法国	FRANCE	155 640	138 044	12.7
印度	INDIA	84 203	65 656	28.2
意大利	ITALY	72 216	72 538	-0.4
荷兰	NETHERLANDS	70 064	58 946	18.9
朝鲜	KOREA,D.P.REP.	69 819	61 206	14.1
哈萨克斯坦	KAZAKHSTAN	68 704	95 979	-28.4
越南	VIETNAM	51 894	38 493	34.8
瑞典	SWEDEN	46 788	40 561	15.4
葡萄牙	PORTUGAL	40 221	38 512	4.4
缅甸	BURMA	33 263	33 263	0.0
巴基斯坦	PAKISTAN	32 632	28 631	14.0
新西兰	NEW ZEALAND	31 440	30 001	4.8
丹麦	DENMARK	30 353	27 238	11.4

资料来源:公安部
SOURCE:MINISTRY OF PUBLIC SECURITY

1－6　1999年各月入境外国旅游

MONTHLY FOREIGN VISITOR

国　籍 NATIONALITY		一　月 JAN.	二　月 FEB.	三　月 MAR.	四　月 APR.	五　月 MAY	六　月 JUNE
总　　计	**TOTAL**	**529 323**	**494 214**	**690 395**	**716 292**	**724 188**	**693 599**
日　　本	JAPAN	116 000	119 126	168 218	131 354	154 596	139 563
韩　　国	KOREA	62 778	59 837	69 270	75 045	80 312	87 983
蒙　　古	MONGOLIA	32 909	19 587	19 908	29 474	30 341	33 431
印度尼西亚	INDONESIA	14 827	11 628	11 261	14 157	18 753	18 472
马来西亚	MALAYSIA	18 337	24 729	26 186	40 586	48 891	26 091
菲律宾	PHILIPPINES	18 723	18 668	24 831	27 712	26 369	22 951
新加坡	SINGAPORE	17 739	22 229	28 841	28 487	32 112	41 289
泰　　国	THAILAND	9 630	12 830	17 118	35 274	19 926	14 093
其　　他	OTHERS	30 519	24 613	36 999	43 300	40 041	41 230
亚　　洲	**ASIA**	**321 462**	**313 247**	**402 632**	**425 389**	**451 341**	**425 103**
英　　国	UNITED KINGDOM	17 537	16 442	24 753	24 694	19 564	20 115
法　　国	FRANCE	9 641	9 628	13 488	16 927	13 853	10 944
德　　国	GERMANY	13 308	12 014	23 400	20 388	20 141	15 052
意大利	ITALY	4 611	3 274	6 408	7 215	5 459	5 150
瑞　　士	SWITZERLAND	1 765	1 489	2 400	2 780	2 600	2 223
瑞　　典	SWEDEN	2 890	3 340	4 746	4 484	3 584	3 999
荷　　兰	NETHERLANDS	3 938	3 804	5 397	6 724	6 264	4 803
俄罗斯	RUSSIA	42 063	33 884	61 236	52 073	67 101	72 603
其　　他	OTHERS	21 333	18 033	28 425	29 141	26 445	23 679
欧　　洲	**EUROPE**	**117 086**	**101 908**	**170 253**	**164 426**	**165 011**	**158 568**
美　　国	U.S.A	47 400	41 161	68 448	71 548	60 150	64 932
加拿大	CANADA	15 646	14 392	18 768	18 635	18 036	15 627
其　　他	OTHERS	5 627	5 054	6 135	7 743	6 077	6 348
美　　洲	**AMERICA**	**68 673**	**60 607**	**93 351**	**97 926**	**84 263**	**86 907**
澳大利亚	AUSTRALIA	15 880	12 578	17 053	17 664	15 970	15 730
新西兰	NEW ZEALAND	2 241	1 965	2 489	3 058	2 677	2 669
其　　他	OTHERS	742	626	600	784	698	725
大洋洲	**OCEANIA**	**18 863**	**15 169**	**20 142**	**21 506**	**19 345**	**19 124**
非　　洲	**AFRICA**	**2 898**	**2 800**	**3 734**	**6 273**	**3 861**	**3 544**
其　　他	**OTHERS**	**341**	**483**	**283**	**772**	**367**	**353**

资料来源:公安部

SOURCE: MINISTRY OF PUBLIC SECURITY

者人数(按国籍分)

ARRIVALS BY NATIONALITY 1999

单　位:人

UNIT:PERSON

七　月 JULY	八　月 AUG.	九　月 SEP.	十　月 OCT.	十一月 NOV.	十二月 DEC.	合　计 TOTAL	占总数比重(%) P.C. TOTAL	比上年增长(%) GROWTH (%)
718 341	**769 209**	**769 967**	**887 492**	**776 649**	**662 627**	**8 432 296**	**100.0**	**18.6**
161 335	172 887	168 238	185 553	191 193	147 134	1 855 197	22.0	18.0
103 469	116 633	81 840	91 966	82 116	80 730	991 979	11.8	56.8
32 222	32 809	31 385	28 325	29 679	34 389	354 459	4.2	-2.8
15 361	14 634	18 159	17 297	12 881	15 474	182 904	2.2	74.9
21 230	25 527	40 521	38 154	30 425	32 193	372 870	4.4	24.2
23 811	24 240	23 507	31 137	30 864	25 472	298 285	3.5	16.3
22 704	22 535	30 660	30 618	37 129	38 136	352 479	4.2	11.4
15 123	12 868	15 720	26 236	14 100	13 506	206 424	2.4	43.0
41 752	46 673	45 099	57 360	46 312	38 826	492 724	5.8	10.0
437 007	**468 806**	**455 129**	**506 646**	**474 699**	**425 860**	**5 107 321**	**60.6**	**23.4**
21 965	22 355	23 182	28 290	23 417	16 580	258 894	3.1	6.6
14 209	14 675	14 200	16 300	12 358	9 417	155 640	1.8	12.7
15 987	18 195	20 039	27 505	19 926	11 677	217 632	2.6	13.4
5 924	8 504	5 951	8 316	6 492	4 912	72 216	0.9	-0.4
2 808	2 444	3 384	4 087	2 367	1 566	29 913	0.4	5.3
3 491	2 895	3 872	5 779	4 607	3 101	46 788	0.6	15.4
8 026	6 543	7 103	8 386	5 599	3 477	70 064	0.8	18.9
69 262	90 489	91 897	101 538	80 906	69 943	832 995	9.9	20.4
27 373	28 387	28 028	35 785	28 462	18 810	313 901	3.7	16.6
169 045	**194 487**	**197 656**	**235 986**	**184 134**	**139 483**	**1 998 043**	**23.7**	**15.2**
63 871	58 249	64 900	81 357	65 068	49 302	736 386	8.7	8.7
18 500	17 603	16 515	22 531	20 403	17 043	213 699	2.5	9.1
6 689	6 459	6 502	8 557	5 748	4 972	75 911	0.9	1.7
89 060	**82 311**	**87 917**	**112 445**	**91 219**	**71 317**	**1 025 996**	**12.2**	**8.2**
15 581	14 805	20 425	20 628	18 305	18 920	203 539	2.4	9.2
2 576	2 750	2 931	2 934	2 759	2 391	31 440	0.4	4.8
783	807	700	869	710	751	8 795	0.1	3.4
18 940	**18 362**	**24 056**	**24 431**	**21 774**	**22 062**	**243 774**	**2.9**	**8.4**
3 729	**4 838**	**4 757**	**7 494**	**4 479**	**3 694**	**52 101**	**0.6**	**8.2**
560	**405**	**452**	**490**	**344**	**211**	**5 061**	**0.1**	**-60.6**

1－7 1995—1999 年入境外国旅游者人数(按国籍分)

ANNUAL FOREIGN VISITOR ARRIVALS BY NATIONALITY 1995－1999

单 位:人

UNIT:PERSON

国籍 NATIONALITY	1995 年 1995	1996 年 1996	1997 年 1997	1998 年 1998	1999 年 1999
总计 TOTAL	**5 886 716**	**6 744 334**	**7 428 006**	**7 107 747**	**8 432 296**
日本 JAPAN	1 305 190	1 548 843	1 581 747	1 572 054	1 855 197
韩国 KOREA	529 467	693 944	781 119	632 806	991 979
蒙古 MONGOLIA	261 940	281 907	342 881	364 761	354 459
印度尼西亚 INDONESIA	132 807	137 767	147 328	104 602	182 904
马来西亚 MALAYSIA	251 758	298 451	361 308	300 119	372 870
菲律宾 PHILIPPINES	219 722	243 727	276 656	256 498	298 285
新加坡 SINGAPORE	261 467	286 316	316 825	316 434	352 479
泰国 THAILAND	173 342	193 287	168 508	144 332	206 424
其他 OTHERS	382 662	380 894	434 720	447 888	492 724
亚洲 ASIA	**3 518 355**	**4 065 136**	**4 411 092**	**4 139 494**	**5 107 321**
英国 UNITED KINGDOM	184 912	205 197	227 907	242 873	258 894
法国 FRANCE	118 494	123 291	131 286	138 044	155 640
德国 GERMANY	166 528	178 982	184 712	191 888	217 632
意大利 ITALY	63 721	62 104	65 139	72 538	72 216
瑞士 SWITZERLAND	34 265	33 397	30 257	28 410	29 913
瑞典 SWEDEN	35 206	34 237	38 506	40 561	46 788
荷兰 NETHERLANDS	34 948	41 287	52 257	58 946	70 064
俄罗斯 RUSSIA	489 329	555 897	813 681	692 000	832 995
其他 OTHERS	327 491	398 556	345 128	269 116	313 901
欧洲 EUROPE	**1 454 894**	**1 632 948**	**1 888 873**	**1 734 376**	**1 998 043**
美国 U.S.A.	514 850	576 416	616 438	677 311	736 386
加拿大 CANADA	128 762	156 613	174 092	195 953	213 699
其他 OTHERS	53 643	76 156	76 636	74 643	75 911
美洲 AMERICA	**697 255**	**809 185**	**867 166**	**947 907**	**1 025 996**
澳大利亚 AUSTRALIA	129 368	132 683	156 840	186 438	203 539
新西兰 NEW ZEALAND	22 883	30 150	28 296	30 001	31 440
其他 OTHERS	6 283	10 613	8 305	8 509	8 795
大洋洲 OCEANIA	**158 534**	**173 446**	**193 441**	**224 948**	**243 774**
非洲 AFRICA	**40 805**	**47 218**	**49 134**	**48 168**	**52 101**
其他 OTHERS	**16 873**	**16 401**	**18 300**	**12 854**	**5 061**

资料来源:公安部

SOURCE: MINISTRY OF PUBLIC SECURITY

二、入境外国旅游者主要特征

2. MAJOR PROFILE OF FOREIGN VISITOR ARRIVALS

2-1 1998—1999年入境外国旅游者人数
（按年龄、性别、职业和入境方式分）
FOREIGN VISITOR ARRIVALS BY AGE, SEX, OCCUPATION & MODE OF TRANSPORT 1998-1999

单 位:人
UNIT:PERSON

项目	ITEM	1999年 1999	占总人数比重（%） P.C. TOTAL	1998年 1998	占总人数比重（%） P.C. TOTAL
总计	**TOTAL**	**8 432 296**	**100.0**	**7 107 747**	**100.0**
14岁以下	UNDER 14	290 278	3.4	240 497	3.4
15-24岁	15-24	678 563	8.0	617 089	8.7
25-44岁	25-44	4 138 033	49.1	3 559 071	50.1
45-64岁	45-64	2 824 392	33.5	2 295 401	32.3
65岁以上	OVER 65	501 030	5.9	395 689	5.6
男	MALE	5 530 673	65.6	4 817 971	67.8
女	FEMALE	2 901 623	34.4	2 289 776	32.2
专业技术人员	TECHNICIAN	487 869	5.8	426 371	6.0
行政管理人员	OFFICIAL	684 538	8.1	657 113	9.2
办事员	CLERK	421 070	5.0	439 353	6.2
商人	BUSINESSMAN	1 518 430	18.0	1 353 274	19.0
服务人员	SERVER	329 996	3.9	335 336	4.7
农民	FARMER	17 097	0.2	24 230	0.3
工人	WORKER	498 250	5.9	454 521	6.4
其他专业人员	OTHERS	3 855 658	45.7	2 917 673	41.0
无职业人员	FREEMAN	619 388	7.4	499 876	7.0
船舶	SEA	1 130 214	13.4	1 027 207	14.5
飞机	AIR	4 493 958	53.3	3 707 949	52.2
火车	RAIL	400 324	4.7	329 953	4.6
汽车	MOTOR	1 146 973	13.6	1 017 278	14.3
徒步	FOOT	1 260 827	15.0	1 025 360	14.4

资料来源:公安部
SOURCE: MINISTRY OF PUBLIC SECURITY

2－2 1999年各月入境外国旅游

MONTHLY FOREIGN VISITOR

月份 MONTH	合计 TOTAL	专业技术人员 TECHNI－CIAN	行政管理人员 OFFI－CIAL	办事员 CLERK
全年 WHOLE YEAR	**8 432 296**	**487 869**	**684 538**	**421 070**
一 月 JAN.	529 323	34 664	50 011	34 488
二 月 FEB.	494 216	27 622	38 315	28 451
三 月 MAR.	690 393	39 244	58 583	35 797
四 月 APR.	716 292	37 974	57 456	35 005
五 月 MAY	724 188	44 822	57 859	37 091
六 月 JUNE	693 599	37 061	57 931	35 884
七 月 JULY	718 341	35 839	57 908	36 274
八 月 AUG.	769 209	45 831	59 438	35 590
九 月 SEP.	769 967	43 605	63 044	34 701
十 月 OCT.	887 492	47 851	70 129	37 910
十一月 NOV.	776 649	50 512	63 610	35 377
十二月 DEC.	662 627	42 844	50 254	34 502

资料来源:公安部

SOURCE: MINISTRY OF PUBLIC SECURITY

者人数(按职业分)

ARRIVALS BY OCCUPATION 1999

单　位:人

UNIT: PERSON

商　人 BUSINESS-MAN	服务人员 SERVER	农　民 FARMER	工　人 WORKER	其他职业人员 OTHERS	无职业人员 FREEMAN
1 518 430	**329 996**	**17 097**	**498 250**	**3 855 658**	**619 388**
104 963	22 479	1 039	37 206	205 400	39 073
80 338	21 509	1 243	31 912	225 265	39 561
126 751	25 223	1 185	42 613	314 633	46 364
134 136	23 544	1 312	45 480	326 484	54 901
125 172	25 064	1 249	46 353	323 328	63 250
137 611	26 869	1 410	43 394	300 681	52 758
123 180	25 103	1 503	46 574	334 619	57 341
142 656	26 419	1 437	43 421	359 433	54 984
130 304	29 169	1 703	39 904	373 534	54 003
168 020	32 599	1 978	42 178	430 287	56 540
127 009	44 713	1 855	41 632	351 578	60 363
118 290	27 305	1 183	37 583	310 416	40 250

2－3　1999年各月入境外国旅游者人数
（按年龄和性别分）
MONTHLY FOREIGN VISITOR ARRIVALS BY AGE & SEX 1999

单　位:人
UNIT:PERSON

月　份 MONTH	合　计 TOTAL	年　龄 AGE					性　别 SEX	
		14岁以下 UNDER 14	15－24岁 15－24	25－44岁 25－44	45－64岁 45－64	65岁以上 OVER 65	男 MALE	女 FEMALE
全　年 WHOLE YEAR	**8 432 296**	**290 278**	**678 563**	**4 138 033**	**2 824 392**	**501 030**	**5 530 673**	**2 901 623**
一　月 JAN.	529 323	18 517	37 553	280 328	174 580	18 345	367 347	161 976
二　月 FEB.	494 216	23 752	46 047	247 379	154 934	22 104	322 981	171 235
三　月 MAR.	690 393	19 582	54 018	330 923	238 678	47 192	460 099	230 294
四　月 APR.	716 292	23 410	43 469	345 090	254 630	49 693	475 558	240 734
五　月 MAY	724 188	21 572	44 108	345 781	257 181	55 546	472 469	251 719
六　月 JUNE	693 599	25 008	49 991	345 124	233 350	40 126	462 036	231 563
七　月 JULY	718 341	33 723	64 793	356 166	230 502	33 157	470 228	248 113
八　月 AUG.	769 209	38 604	78 158	374 555	244 430	33 462	492 617	276 592
九　月 SEP.	769 967	16 784	62 835	357 207	270 662	62 479	493 824	276 143
十　月 OCT.	887 492	19 527	64 312	421 202	313 061	69 390	577 894	309 598
十一月 NOV.	776 649	20 145	66 574	377 978	264 810	47 142	508 279	268 370
十二月 DEC.	662 627	29 654	66 705	356 300	187 574	22 394	427 341	235 286

资料来源:公安部
SOURCE: MINISTRY OF PUBLIC SECURITY

2－4　1999年各月入境外国旅游者人数(按入境方式分)
MONTHLY FOREIGN VISITOR ARRIVALS BY MODE OF TRANSPORT 1999

单　位:人
UNIT:PERSON

月　份 MONTH	总　计 TOTAL	船　舶 SEA	飞　机 AIR	火　车 RAIL	汽　车 MOTOR	徒　步 FOOT
全　年 WHOLE YEAR	**8 432 296**	**1 130 214**	**4 493 958**	**400 324**	**1 146 973**	**1 260 827**
一　月 JAN.	529 323	75 832	260 526	25 562	79 497	87 906
二　月 FEB.	494 214	60 513	272 436	20 551	62 503	78 211
三　月 MAR.	690 395	86 559	380 713	28 462	93 706	100 955
四　月 APR.	716 292	89 597	389 331	36 531	90 585	110 248
五　月 MAY	724 188	96 206	398 447	28 777	94 637	106 121
六　月 JUNE	693 599	95 141	359 447	30 789	99 827	108 395
七　月 JULY	718 341	99 174	381 964	30 687	97 553	108 963
八　月 AUG.	769 209	106 372	416 475	34 552	105 487	106 323
九　月 SEP.	769 967	100 060	430 601	34 000	105 589	99 717
十　月 OCT.	887 492	123 857	483 923	53 789	108 167	117 756
十一月 NOV.	776 649	103 244	406 178	40 968	110 333	115 926
十二月 DEC.	662 627	93 659	313 917	35 656	99 089	120 306

资料来源:公安部
SOURCE: MINISTRY OF PUBLIC SECURITY

2－5　1999 年入境外国旅游
FOREIGN VISITOR ARRIVALS

国籍 NATIONALITY		合计 TOTAL	专业技术人员 TECHNICIAN	行政管理人员 OFFICIAL	办事员 CLERK
总　　计	**TOTAL**	**8 432 296**	**487 869**	**684 538**	**421 070**
日　　本	JAPAN	1 855 197	49 141	76 295	200 150
韩　　国	KOREA	991 979	34 554	41 127	45 696
蒙　　古	MONGOLIA	354 459	6 081	43 460	21 012
印度尼西亚	INDONESIA	182 904	7 170	5 294	6 819
马来西亚	MALAYSIA	372 870	17 582	24 557	12 881
菲律宾	PHILIPPINES	298 285	33 286	16 016	5 563
新加坡	SINGAPORE	352 479	21 141	35 442	9 997
泰　　国	THAILAND	206 424	5 915	8 623	4 499
其　　他	OTHERS	492 724	38 382	34 411	26 238
亚　　洲	**ASIA**	**5 107 321**	**213 252**	**285 225**	**332 855**
英　　国	UNITED KINGDOM	258 894	17 670	48 729	10 116
法　　国	FRANCE	155 640	7 151	19 406	3 112
德　　国	GERMANY	217 632	11 675	30 018	5 255
意大利	ITALY	72 216	3 057	12 337	2 167
瑞　　士	SWITZERLAND	29 913	1 562	4 895	833
瑞　　典	SWEDEN	46 788	2 976	8 943	1 087
荷　　兰	NETHERLANDS	70 064	3 139	7 968	1 931
俄罗斯	RUSSIA	832 995	128 320	28 143	12 193
其　　他	OTHERS	313 901	21 895	43 876	7 059
欧　　洲	**EUROPE**	**1 998 043**	**197 445**	**204 315**	**43 753**
美　　国	U.S.A.	736 386	42 214	126 822	21 051
加拿大	CANADA	213 699	12 997	26 578	9 241
其　　他	OTHERS	75 911	3 252	6 974	2 451
美　　洲	**AMERICA**	**1 025 996**	**58 463**	**160 374**	**32 743**
澳大利亚	AUSTRALIA	203 539	13 540	24 718	7 600
新西兰	NEW ZEALAND	31 440	1 703	4 240	1 381
其　　他	OTHERS	8 795	470	431	384
大洋洲	**OCEANIA**	**243 774**	**15 713**	**29 389**	**9 365**
非　　洲	**AFRICA**	**52 101**	**2 819**	**4 749**	**2 249**
其　　他	**OTHERS**	**5 061**	**177**	**486**	**105**

资料来源:公安部

SOURCE: MINISTRY OF PUBLIC SECURITY

者人数(按国籍和职业分)

BY NATIONALITY & OCCUPATION 1999

单　位:人

UNIT:PERSON

商　人 BUSINESSMAN	服务人员 SERVER	农　民 FARMER	工　人 WORKER	其他职业人员 OTHERS	无职业人　员 FREEMAN
1 518 430	**329 996**	**17 097**	**498 250**	**3 855 658**	**619 388**
256 227	58 921	5 716	46 013	1 006 128	156 606
281 481	21 606	2 203	61 928	458 823	44 561
68 312	10 297	825	4 768	70 572	129 132
18 100	5 725	169	16 986	105 894	16 747
42 012	14 774	872	13 446	219 984	26 762
12 824	21 582	84	103 687	94 677	10 566
44 842	13 944	327	13 789	189 733	23 264
32 772	12 988	631	15 117	112 188	13 691
98 810	28 422	1 031	100 980	149 949	14 501
855 380	**188 259**	**11 858**	**376 714**	**2 407 948**	**435 830**
31 097	8 403	364	6 860	122 055	13 600
18 037	7 481	256	5 528	85 256	9 413
21 749	10 680	322	8 149	122 598	7 186
10 289	2 481	176	2 705	36 447	2 557
3 462	998	54	2 333	14 792	984
4 898	1 988	106	1 860	23 285	1 645
10 562	3 737	181	2 506	36 139	3 901
351 883	54 476	1 084	31 466	206 446	18 984
30 771	13 262	805	27 709	153 435	15 089
482 748	**103 506**	**3 348**	**89 116**	**800 453**	**73 359**
91 690	19 936	767	16 549	357 835	59 522
30 524	5 234	292	5 629	102 191	21 013
15 162	2 383	121	2 558	37 071	5 939
137 376	**27 553**	**1 180**	**24 736**	**497 097**	**86 474**
25 701	7 891	397	3 637	103 663	16 392
4 524	987	202	553	15 318	2 532
2 185	313	15	504	3 785	708
32 410	**9 191**	**614**	**4 694**	**122 766**	**19 632**
9 956	**1 365**	**79**	**2 785**	**24 785**	**3 314**
560	**122**	**18**	**205**	**2 609**	**779**

2－6　1999年入境外国旅游
FOREIGN VISITOR ARRIVALS

国　籍 NATIONALITY		合　计 TOTAL	年　龄	
			14岁以下 UNDER 14	15－24岁 15－24
总　计	**TOTAL**	**8 432 296**	**290 278**	**678 563**
日　本	JAPAN	1 855 197	40 280	139 885
韩　国	KOREA	991 979	31 133	58 063
蒙　古	MONGOLIA	354 459	4 302	43 782
印度尼西亚	INDONESIA	182 904	9 563	23 930
马来西亚	MALAYSIA	372 870	13 649	28 249
菲律宾	PHILIPPINES	298 285	6 038	29 160
新加坡	SINGAPORE	352 479	22 304	17 359
泰　国	THAILAND	206 424	8 682	14 884
其　他	OTHERS	492 724	7 485	42 309
亚　洲	**ASIA**	**5 107 321**	**143 436**	**397 621**
英　国	UNITED KINGDOM	258 894	10 164	15 821
法　国	FRANCE	155 640	7 766	9 875
德　国	GERMANY	217 632	4 979	9 615
意大利	ITALY	72 216	1 228	2 923
瑞　士	SWITZERLAND	29 913	888	1 289
瑞　典	SWEDEN	46 788	2 026	2 935
荷　兰	NETHERLANDS	70 064	2 844	4 005
俄罗斯	RUSSIA	832 995	8 144	136 610
其　他	OTHERS	313 901	8 417	22 652
欧　洲	**EUROPE**	**1 998 043**	**46 456**	**205 725**
美　国	U.S.A.	736 386	54 669	39 561
加拿大	CANADA	213 699	18 981	11 833
其　他	OTHERS	75 911	5 053	5 512
美　洲	**AMERICA**	**1 025 996**	**78 703**	**56 906**
澳大利亚	AUSTRALIA	203 539	16 878	11 803
新西兰	NEW ZEALAND	31 440	2 385	1 589
其　他	OTHERS	8 795	441	833
大洋洲	**OCEANIA**	**243 774**	**19 704**	**14 225**
非　洲	**AFRICA**	**52 101**	**1 857**	**3 623**
其　他	**OTHERS**	**5 061**	**122**	**463**

资料来源：公安部

SOURCE: MINISTRY OF PUBLIC SECURITY

者人数(按国籍、年龄和性别分)
BY NATIONALITY, AGE & SEX 1999

单　位:人
UNIT:PERSON

AGE			性　别　SEX	
25－44岁 25－44	45－64岁 45－64	65岁以上 OVER 65	男 MALE	女 FEMALE
4 138 033	**2 824 392**	**501 030**	**5 530 673**	**2 901 623**
690 879	794 157	189 996	1 325 368	529 829
546 948	319 260	36 575	719 514	272 465
258 161	46 334	1 880	187 384	167 075
80 890	55 045	13 476	96 248	86 656
178 764	126 595	25 613	213 456	159 414
193 673	62 999	6 415	215 628	82 657
169 301	118 337	25 178	215 744	136 735
97 803	70 904	14 151	100 702	105 722
316 690	118 562	7 678	396 434	96 290
2 533 109	**1 712 193**	**320 962**	**3 470 478**	**1 636 843**
127 042	93 912	11 955	179 898	78 996
70 699	57 780	9 520	100 540	55 100
96 586	93 268	13 184	147 088	70 544
34 902	29 726	3 437	52 878	19 338
13 089	12 462	2 185	19 407	10 506
20 079	18 522	3 226	31 542	15 246
33 888	26 232	3 095	46 663	23 401
468 472	197 180	22 589	401 376	431 619
161 556	109 530	11 746	214 907	98 994
1 026 313	**638 612**	**80 937**	**1 194 299**	**803 744**
280 482	292 007	69 667	476 300	260 086
96 447	72 344	14 094	136 914	76 785
42 351	19 612	3 383	50 166	25 745
419 280	**383 963**	**87 144**	**663 380**	**362 616**
101 548	64 565	8 745	131 508	72 031
17 396	8 953	1 117	20 789	10 651
5 807	1 620	94	6 055	2 740
124 751	**75 138**	**9 956**	**158 352**	**85 422**
32 318	**12 807**	**1 496**	**40 951**	**11 150**
2 262	**1 679**	**535**	**3 213**	**1 848**

2－7 1999年入境外国旅游者人数(按国籍和入境方式分)

FOREIGN VISITOR ARRIVALS BY NATIONALITY & MODE OF TRANSPORT 1999

单 位:人
UNIT:PERSON

国籍 NATIONALITY	总计 TOTAL	船舶 SEA	飞机 AIR	火车 RAIL	汽车 MOTOR	徒步 FOOT
总计 TOTAL	**8 432 296**	**1 130 214**	**4 493 958**	**400 324**	**1 146 973**	**1 260 827**
日本 JAPAN	1 855 197	143 863	1 374 351	22 798	85 587	228 598
韩国 KOREA	991 979	227 589	666 223	4 845	15 657	77 665
蒙古 MONGOLIA	354 459	395	19 021	54 517	278 972	1 554
印度尼西亚 INDONESIA	182 904	30 850	67 303	5 855	16 403	62 493
马来西亚 MALAYSIA	372 870	22 768	229 949	4 772	14 461	100 920
菲律宾 PHILIPPINES	298 285	177 120	37 925	3 352	9 162	70 726
新加坡 SINGAPORE	352 479	15 597	237 220	5 989	13 665	80 008
泰国 THAILAND	206 424	9 726	147 860	1 460	9 622	37 756
其他 OTHERS	492 724	84 116	161 617	54 497	106 434	86 060
亚洲 ASIA	**5 107 321**	**712 024**	**2 941 469**	**158 085**	**549 963**	**745 780**
英国 UNITED KINGDOM	258 894	32 001	128 209	13 056	19 856	65 772
法国 FRANCE	155 640	9 379	108 435	5 529	9 970	22 327
德国 GERMANY	217 632	16 404	168 414	6 211	6 695	19 908
意大利 ITALY	72 216	5 407	53 158	2 777	3 028	7 846
瑞士 SWITZERLAND	29 913	1 820	22 914	1 278	1 399	2 502
瑞典 SWEDEN	46 788	3 805	35 049	2 188	1 684	4 062
荷兰 NETHERLANDS	70 064	4 122	46 061	3 886	4 443	11 552
俄罗斯 RUSSIA	832 995	160 444	106 187	136 083	428 255	2 026
其他 OTHERS	313 901	41 041	206 385	8 625	8 597	49 253
欧洲 EUROPE	**1 998 043**	**274 423**	**874 812**	**179 633**	**483 927**	**185 248**
美国 U.S.A.	736 386	80 847	426 939	29 534	56 619	142 447
加拿大 CANADA	213 699	23 089	82 619	12 463	24 737	70 791
其他 OTHERS	75 911	9 186	27 293	4 331	7 585	27 516
美洲 AMERICA	**1 025 996**	**113 122**	**536 851**	**46 328**	**88 941**	**240 754**
澳大利亚 AUSTRALIA	203 539	20 749	99 242	10 454	17 034	56 060
新西兰 NEW ZEALAND	31 440	3 186	12 528	2 358	2 847	10 521
其他 OTHERS	8 795	1 697	1 319	442	815	4 522
大洋洲 OCEANIA	**243 774**	**25 632**	**113 089**	**13 254**	**20 696**	**71 103**
非洲 AFRICA	**52 101**	**4 941**	**24 145**	**2 728**	**3 365**	**16 922**
其他 OTHERS	**5 061**	**72**	**3 592**	**296**	**81**	**1 020**

资料来源:公安部
SOURCE: MINISTRY OF PUBLIC SECURITY

三、国际旅游(外汇)收入

3. INTERNATIONAL TOURISM RECEIPTS

3－1　1978—1999年国际旅游(外汇)收入
INTERNATIONAL TOURISM RECEIPTS 1978－1999

年　份 YEAR	国际旅游收入 (亿美元) TOURISM RECEIPTS (100Mn.US $)	发展指数 (以1978年为100) INDICES (1978＝100)	比上年增长 (%) GROWTH (%)
1978	2.63	100.00	—
1979	4.49	170.90	70.90
1980	6.17	234.60	37.30
1981	7.85	298.60	27.30
1982	8.43	320.70	7.40
1983	9.41	358.00	11.60
1984	11.31	430.30	20.20
1985	12.50	475.50	10.50
1986	15.31	582.30	22.50
1987	18.62	708.10	21.60
1988	22.47	854.60	20.70
1989	18.60	707.70	－17.20
1990	22.18	843.50	19.20
1991	28.45	1 082.10	28.30
1992	39.47	1 501.30	38.70
1993	46.83	1 781.40	18.70
1994	73.23	2 785.40	*
1995	87.33	3 321.70	19.25
1996	102.00	3 879.98	16.81
1997	120.74	4 592.67	18.37
1998	126.02	4 793.36	4.37
1999	140.99	5 362.70	11.88

注：* 由于国家外汇管理体制变化，1994年国际旅游(外汇)收入统计方法也做了相应的改革，采用了与国际接轨的办法，与往年不能作简单对比。

NOTE: * BECAUSE OF THE REFORM IN THE FOREIGN CURRENCY CONTROL SYSTEM, THE METHOD OF CALCULATING TOURISM RECEIPTS IN 1994 HAS ALSO BEEN ADJUSTED AND THE INTERNATIONAL STANDARD IS ADOPTED. IT IS NOT PROPER TO MAKE SIMPLE COMPARISON WITH THE FIGURES OF PREVIOUS YEARS.

3-2　1999年国际旅游(外汇)收入构成
BREAKDOWN OF INTERNATIONAL TOURISM RECEIPTS 1999

单　位:亿美元
UNIT:100Mn.US $

	国际旅游收入 TOURISM RECEIPTS	占总收入比重(%) P.C.TOTAL
总　计　TOTAL	**140.99**	**100.0**
一、长途交通 LONG - DISTANCE TRANSPORTATION	41.65	29.6
1.民　航　AIR	31.40	22.3
2.铁　路　RAIL	4.45	3.2
3.汽　车　MOTOR	3.82	2.7
4.轮　船　SEA	1.98	1.4
二、游　　览　SIGHTSEEING	7.49	5.3
三、住　　宿　ACCOMMODATION	20.34	14.4
四、餐　　饮　FOOD & BEVERAGE	15.28	10.8
五、商品销售　SHOPPING	27.71	19.7
六、娱　　乐　ENTERTAINMENT	8.45	6.0
七、邮电通讯　COMMUNICATION	4.11	2.9
八、市内交通　LOCAL TRASPORTATION	5.33	3.8
九、其他服务　OTHERS	10.63	7.5

3-3 1999年各月国际旅游(外汇)收入
MONTHLY OF INTERNATIONAL TOURISM RECEIPTS 1999

单　位:万美元
UNIT: TEN THOUS. US $

月　份 MONTH	总　计 TOTAL	外国人 FOREIGN-ERS	华　侨 OVERSEAS CHINESE	港澳同胞 HONG KONG & MACAU	台湾同胞 TAIWAN PROVINCE
全　年	**1 409 850**	**586 612**	**10 118**	**592 712**	**220 408**
WHOLE YEAR					
一　月　JAN.	97 713	36 038	919	45 929	14 827
二　月　FEB.	98 175	34 054	886	47 790	15 445
三　月　MAR.	110 505	47 962	972	44 697	16 874
四　月　APR.	124 299	50 013	865	52 512	20 909
五　月　MAY	116 830	50 381	842	46 384	19 223
六　月　JUNE	114 409	48 113	869	47 237	18 190
七　月　JULY	122 690	49 927	901	50 536	21 326
八　月　AUG.	126 164	53 760	767	51 764	19 873
九　月　SEP.	120 046	54 023	791	46 973	18 259
十　月　OCT.	134 680	62 774	779	51 393	19 734
十一月　NOV.	126 117	53 929	716	52 467	19 005
十二月　DEC.	118 222	45 638	811	55 030	16 743

3-4 1998-1999年主要城市国际旅游(外汇)收入

INTERNATIONAL TOURISM RECEIPTS BY MAJOR CITIES 1998-1999

单　位:万美元

UNIT: TEN THOUS. US $

城市名称 NAME OF CITY		1999年 1999	1998年 1998	增长(%) GROWTH(%)
北　京	BEIJING	249 600	238 400	4.7
天　津	TIANJIN	20 903	20 176	3.6
石家庄	SHIJIAZHUANG	2 343	2 800	-16.3
秦皇岛	QINHUANGDAO	5 474	3 829	43.0
承　德	CHENGDE	2 223	1 162	91.3
太　原	TAIYUAN	2 008	1 503	33.6
大　同	DATONG	1 051	743	41.4
呼和浩特	HOHHOT	297	327	-9.1
沈　阳	SHENYANG	9 575	8 565	11.8
大　连	DALIAN	18 003	15 391	17.0
长　春	CHANGCHUN	1 993	1 529	30.3
吉　林	JILIN	283	407	-30.4
延　边	YANBIAN	1 846	1 378	33.9
哈尔滨	HARBIN	4 442	4 021	10.5
上　海	SHANGHAI	136 433	121 791	12.0
南　京	NANJING	20 106	14 446	39.2
无　锡	WUXI	8 630	7 624	13.2
苏　州	SUZHOU	17 314	13 488	28.4
南　通	NANTONG	3 730	5 057	-26.2
连云港	LIANYUNGANG	506	773	-34.5
杭　州	HANGZHOU	23 703	21 002	12.9
宁　波	NINGBO	4 449	3 641	22.2
温　州	WENZHOU	2 079	2 035	2.2
合　肥	HEFEI	1 508	1 371	10.0
黄　山	HUANGSHAN	3 178	2 101	51.3
福　州	FUZHOU	11 882	9 408	26.3
厦　门	XIAMEN	25 027	23 610	6.0
泉　州	QUANZHOU	24 113	22 517	7.1

3－4 续表

城市名称 NAME OF CITY		1999 年 1999	1998 年 1998	增长(%) GROWTH (%)
漳　州	ZHANGZHOU	2 386	2 556	－6.6
南　昌	NANCHANG	2 155	1 743	23.6
九　江	JIUJIANG	471	199	136.7
济　南	JINAN	2 859	2 767	3.3
青　岛	QINGDAO	11 445	10 230	11.9
烟　台	YANTAI	5 723	4 708	21.6
威　海	WEIHAI	2 942	2 131	38.0
郑　州	ZHENGZHOU	5 561	4 016	38.5
洛　阳	LUOYANG	2 902	2 143	35.4
武　汉	WUHAN	7 336	6 429	14.1
长　沙	CHANGSHA	7 780	9 200	－15.4
广　州	GUANGZHOU	116 611	106 320	9.7
深　圳	SHENZHEN	110 805	98 530	12.5
珠　海	ZHUHAI	35 690	33 234	7.4
汕　头	SHANTOU	10 519	10 190	3.2
湛　江	ZHANJIANG	581	939	－38.2
中　山	ZHONGSHAN	10 537	6 905	52.6
南　宁	NANNING	875	707	23.8
桂　林	GUILIN	14 936	11 102	34.5
北　海	BEIHAI	396	263	50.5
海　口	HAIKOU	4 025	3 899	3.2
三　亚	SANYA	3 714	3 274	13.4
重　庆	CHONGQING	9 726	8 837	10.1
成　都	CHENGDU	6 805	6 832	－0.4
贵　阳	GUIYANG	1 369	1 201	14.0
昆　明	KUNMING	14 549	10 032	45.0
拉　萨	LHASA	2 686	2 307	16.4
西　安	XI'AN	22 525	19 106	17.9
兰　州	LANZHOU	1 193	944	26.4
西　宁	XINING	240	191	25.7
银　川	YINCHUAN	149	122	22.5
乌鲁木齐	URUMQI	6 198	4 547	36.3

3－5　1998－1999 年各地区国际旅游(外汇)收入

INTERNATIONAL TOURISM RECEIPTS BY LOCALITY 1998－1999

单　位:万美元

UNIT: TEN THOUS. US $

地　区 LOCALITY		1999 年 1999	按收入高低排列名次 POSITION	1998 年 1998	按收入高低排列名次 POSITION	1999 年比 1998 年增长(%) GROWTH(%)
北　京	BEIJING	249 600	2	238 400	2	4.7
天　津	TIANJIN	20 903	11	20 176	11	3.6
河　北	HEBEI	12 410	15	10 005	17	24.0
山　西	SHANXI	4 257	27	3 826	26	11.3
内蒙古	INNERMONGOLIA	11 979	16	12 550	14	－4.5
辽　宁	LIAONING	30 444	8	26 244	7	16.0
吉　林	JILIN	4 483	26	3 783	27	18.5
黑龙江	HEILONGJIANG	14 788	14	12 093	15	22.3
上　海	SHANGHAI	136 433	3	121 791	3	12.0
江　苏	JIANGSU	62 042	5	52 880	5	17.3
浙　江	ZHEJIANG	41 008	6	36 122	6	13.5
安　徽	ANHUI	6 708	23	5 120	23	31.0
福　建	FUJIAN	72 536	4	65 109	4	11.4
江　西	JIANGXI	5 038	25	4 284	25	17.6
山　东	SHANDONG	26 522	10	21 950	10	20.8
河　南	HENAN	11 352	17	10 141	16	11.9
湖　北	HUBEI	10 498	19	8 831	20	18.9
湖　南	HUNAN	18 545	13	15 613	12	18.8
广　东	GUANGDONG	327 245	1	294 192	1	11.2
广　西	GUANGXI	20 228	12	15 569	13	29.9
海　南	HAINAN	10 506	18	9 627	18	9.1
重　庆	CHONGQING	9 726	20	8 837	19	10.1
四　川	SICHUAN	9 722	21	8 367	21	16.2
贵　州	GUIZHOU	5 502	24	4 831	24	13.9
云　南	YUNNAN	35 033	7	26 103	8	34.2
西　藏	TIBET	3 629	29	3 302	28	9.9
陕　西	SHAANXI	27 189	9	24 717	9	10.0
甘　肃	GANSU	3 735	28	3 018	29	23.8
青　海	QINGHAI	392	30	276	30	42.0
宁　夏	NINGXIA	174	31	142	31	22.7
新　疆	XINJIANG	8 582	22	8 246	22	4.1

3－6　1999 年入境旅游者人均天消费情况(按地区分)

THE AVERAGE DAILY PER CAPITA EXPENDITURE BY INTERNATIONAL TOURISTS 1999

地　区 LOCALITY	人均天消费 (美元/人天) (US $ / NIGHT)	EXPENDITURE 外国人 FOREIGN－ERS	华侨 OVERSEAS CHINESE	香港同胞 HONG KONG	澳门同胞 MACAU	台湾同胞 TAIWAN PROVINCE
总平均 AVERAGE TOTAL	**135.00**	**144.58**	**148.66**	**109.33**	**120.18**	**121.58**
北　京 BEIJING	219.94	228.73	194.62	191.97	159.95	172.26
天　津 TIANJIN	187.92	189.46	152.07	186.30	173.81	182.93
河　北 HEBEI	130.78	136.11	122.74	115.60	109.37	118.68
山　西 SHANXI	152.94	167.95	83.40	121.20	118.37	100.84
内蒙古 INNERMONGOLIA	154.56	154.39	—	141.93	—	158.05
辽　宁 LIAONING	184.81	187.36	176.82	174.20	167.69	179.05
吉　林 JILIN	165.13	167.59	146.80	154.33	134.30	150.19
黑龙江 HEILONGJIANG	171.92	173.65	133.73	161.31	170.00	161.29
上　海 SHANGHAI	218.51	220.91	220.26	200.79	242.77	209.76
江　苏 JIANGSU	195.05	203.29	164.46	177.91	166.29	173.19
浙　江 ZHEJIANG	190.18	195.33	162.93	185.18	175.45	179.45
安　徽 ANHUI	172.41	177.18	155.57	155.52	168.53	158.57
福　建 FUJIAN	165.49	165.27	—	167.99	160.31	164.27
江　西 JIANGXI	139.72	159.84	134.16	112.56	101.79	129.31
山　东 SHANDONG	183.68	195.70	151.36	176.63	141.10	155.98
河　南 HENAN	140.09	148.44	128.73	110.48	120.37	117.39
湖　北 HUBEI	166.31	164.96	169.53	169.30	159.61	168.58
湖　南 HUNAN	150.30	165.09	152.99	145.68	130.11	147.83
广　东 GUANGDONG	136.68	158.63	132.66	118.25	110.99	138.29
广　西 GUANGXI	147.18	157.16	144.30	111.88	128.72	128.09
海　南 HAINAN	139.99	188.98	155.22	99.32	109.28	146.72
重　庆 CHONGQING	161.85	166.58	137.67	160.80	133.45	149.59
四　川 SICHUAN	159.62	173.08	137.54	138.08	122.18	127.05
贵　州 GUIZHOU	154.70	161.43	129.32	150.20	143.94	156.14
云　南 YUNNAN	163.01	166.93	132.51	172.34	145.34	132.77
西　藏 TIBET	163.11	163.61	—	132.23	—	—
陕　西 SHAANXI	158.77	162.93	131.38	125.67	126.01	136.29
甘　肃 GANSU	150.84	151.93	130.77	147.77	163.33	146.60
青　海 QINGHAI	129.00	157.11	114.93	58.64	54.24	73.14
宁　夏 NINGXIA	125.34	125.23	—	122.51	—	140.00
新　疆 XINJIANG	155.22	159.04	118.46	123.87	106.14	116.06

资料来源:1999 年“入境旅游者花费情况抽样调查”

SOURCE: THE 1999 SAMPLING OF EXPENDITURES BY INTERNATIONAL TOURISTS IN CHINA

3－7　1999年入境旅游者

BREAKDOWN OF THE AVERAGE DAILY PER CAPITA

地　区 LOCALITY		人均天消费 (美元/人天) EXPENDITURE (US $ /NIGHT)	人均天消费构成(%)		
			长途交通 LONG－DISTANCE TRANSPORTATION	游　览 SIGHTSEEING	住　宿 ACCOMMO－ DATION
总平均	**AVERAGE TOTAL**	**135.00**	**33.1**	**4.1**	**16.3**
北　京	BEIJING	219.94	32.8	4.6	13.9
天　津	TIANJIN	187.92	42.5	5.0	17.4
河　北	HEBEI	130.78	33.2	5.8	14.8
山　西	SHANXI	152.94	34.5	6.0	16.8
内蒙古	INNERMONGOLIA	154.56	23.5	4.9	6.8
辽　宁	LIAONING	184.81	32.1	3.8	12.8
吉　林	JILIN	165.13	26.9	4.7	22.6
黑龙江	HEILONGJIANG	171.92	27.9	4.2	12.5
上　海	SHANGHAI	218.51	33.7	4.3	16.0
江　苏	JIANGSU	195.05	29.0	4.8	16.9
浙　江	ZHEJIANG	190.18	31.3	5.0	17.8
安　徽	ANHUI	172.41	31.0	5.8	16.3
福　建	FUJIAN	165.49	41.3	4.2	13.8
江　西	JIANGXI	139.72	25.2	3.9	12.2
山　东	SHANDONG	183.68	36.2	3.7	14.2
河　南	HENAN	140.09	30.8	5.8	19.2
湖　北	HUBEI	166.31	40.8	2.7	10.6
湖　南	HUNAN	150.30	22.8	3.9	13.9
广　东	GUANGDONG	136.68	38.1	4.1	13.1
广　西	GUANGXI	147.18	31.9	5.8	16.5
海　南	HAINAN	139.99	28.5	4.8	15.1
重　庆	CHONGQING	161.85	40.1	5.2	14.3
四　川	SICHUAN	159.62	36.4	5.4	18.1
贵　州	GUIZHOU	154.70	31.1	4.2	11.7
云　南	YUNNAN	163.01	39.5	4.9	15.1
西　藏	TIBET	163.11	37.1	7.4	22.0
陕　西	SHAANXI	158.77	33.0	5.3	16.0
甘　肃	GANSU	150.84	30.3	5.1	15.8
青　海	QINGHAI	129.00	41.7	6.9	20.7
宁　夏	NINGXIA	125.34	44.8	6.4	18.2
新　疆	XINJIANG	155.22	20.0	2.6	8.4

资料来源:1999年“入境旅游者花费情况抽样调查”

SOURCE: THE 1999 SAMPLING OF EXPENDITURES BY INTERNATIONAL TOURISTS IN CHINA

人均天消费构成

EXPENDITURE BY INTORIATIONAL TOURISTS 1999

BREAKDOWN OF EXPENDITURE （%）

餐　饮 FOOD & BEVERAGE	购　物 SHOPPING	娱　乐 ENTER－TAINMENT	邮电通讯 COMMU－NICATION	市内交通 LOCAL TRAN－SPORTATION	其他服务 OTHERS
9.5	**21.3**	**4.0**	**2.7**	**2.5**	**6.4**
8.2	18.7	4.9	2.1	4.9	9.9
7.2	12.0	5.2	2.5	2.9	5.3
9.2	12.6	4.9	4.9	5.1	9.5
8.9	12.9	5.3	2.6	5.8	7.2
4.7	46.5	3.3	3.5	3.6	3.2
9.5	19.8	4.9	2.4	2.8	11.9
11.1	18.7	4.5	2.4	3.7	5.4
9.7	26.5	2.4	3.8	3.2	9.8
9.9	13.9	5.1	3.2	3.2	10.7
10.2	19.8	4.6	3.0	3.9	7.8
10.0	16.5	5.4	3.2	4.1	6.7
9.9	18.1	4.8	3.0	4.7	6.4
8.4	14.9	6.4	2.6	3.2	5.2
8.9	29.7	3.9	3.4	3.1	9.7
9.2	16.5	5.4	3.6	3.3	7.9
10.7	15.4	5.0	2.6	5.6	4.9
10.6	17.3	2.3	5.0	1.9	8.8
10.7	23.2	7.2	4.7	3.2	10.4
8.8	14.8	6.5	3.0	2.8	8.8
9.9	17.7	4.3	2.4	4.5	7.0
10.2	18.9	5.5	2.7	3.7	10.6
8.1	15.2	4.5	2.4	3.5	6.7
9.2	13.0	4.0	2.7	3.8	7.4
9.6	23.0	1.4	4.9	2.9	11.2
8.5	14.9	3.9	2.7	3.5	7.0
10.7	5.5	6.3	0.7	6.3	4.0
10.3	19.4	3.5	4.4	4.6	3.5
10.3	21.1	3.6	3.0	4.5	6.3
10.5	6.5	5.8	1.8	5.8	0.3
8.8	6.4	6.0	3.7	4.4	1.3
8.2	46.4	4.2	1.3	2.1	6.8

3－8　1999 年入境旅游者

(按年龄、性别、

THE AVERAGE INTERNATIONAL TOURISTS

BY AGE,SEX,

		人均天消费 (美元/人天) EXPENDITURE	外国人 FOREIGNERS
总 平 均	**AVERAGE TOTAL**	**135.00**	**144.58**
14 岁以下	UNDER 14	90.78	108.05
15－24 岁	15－24	101.01	114.94
25－44 岁	25－44	140.26	151.49
45－64 岁	45－64	141.85	149.70
65 岁以上	OVER 65	105.08	111.22
男	MALE	139.97	150.25
女	FEMALE	123.31	132.07
政府工作人员	OFFICIAL	119.78	123.99
专业技术人员	TECHNICIAN	141.02	155.97
职　员	CLERK	124.42	140.17
技工/工人	TECHNICIAN/WORKER	117.92	135.23
商贸人员	BUSINESSMAN	163.02	169.78
服务员/推销员	WAITER/SALESMAN	112.43	132.23
退休人员	RETIRED	98.25	103.80
家庭妇女	HOUSEWIFE	122.32	132.87
军　　人	ARMYMAN	162.66	182.34
学　　生	STUDENT	94.27	106.44
其　　他	OTHERS	122.49	130.55
观光度假	SIGHTSEEING/HOLIDAY	106.27	114.02
探亲访友	VISITING RELATIVES & FRIENDS	115.38	131.72
商　　务	BUSINESS	165.67	174.49
会　　议	MEETING	149.24	150.73
宗教朝拜	RELIGION/PILGRIMAGE	114.80	124.88
文体科技交流	CULTURAL/SPORTS/ SCIENTIFIC EXCHANGE PROGRAMME	121.46	120.60
其　　他	OTHERS	133.43	144.18

资料来源:1999 年"入境旅游者花费情况抽样调查"

SOURCE: THE 1999 SAMPLING OF EXPENDITURES BY INTERNATIONAL TOURIST IN CHINA

人均天消费情况
职业和目的分）

DAILY EXPENDITURE PER CAPITA
OCCUPATION & PURPOSE 1999

单　位:美元/人天
UNIT:US $ /NIGHT

华　侨 OVERSEAS CHINESE	香港同胞 HONG KONG	澳门同胞 MACAU	台湾同胞 TAIWAN PROVINCE
148.66	**109.33**	**120.18**	**121.58**
120.60	—	59.11	56.78
114.22	74.62	69.94	77.17
139.10	114.74	139.58	131.48
177.59	114.09	125.80	122.78
97.29	99.68	52.25	80.88
152.44	112.66	131.00	128.40
143.36	100.21	104.67	100.85
115.67	102.19	159.74	113.23
197.14	112.26	118.78	121.27
150.58	92.75	109.75	108.49
102.11	93.78	134.34	89.60
153.63	142.99	173.34	154.48
141.93	86.88	116.88	88.53
152.49	80.50	83.88	83.61
174.07	91.03	79.52	86.55
—	271.08	—	46.98
74.40	55.19	51.66	66.38
121.49	91.12	174.81	113.09
127.13	85.24	106.13	96.87
141.40	100.61	78.06	104.57
169.97	138.21	167.80	153.03
66.09	145.08	145.00	143.24
—	112.46	—	75.36
200.42	121.35	90.48	130.08
191.64	65.92	62.57	119.29

四、国内旅游基本情况

4. STATISTICS OF DOMESTIC TOURISM

4－1　1999年全国国内旅游基本情况

MAJOR STATISTICS OF DOMESTIC TOURISM 1999

	总人次数 (亿人次) DOMESTIC TRAVELERS(100Mn.)	＊出游率 (%) RATE (%)	总花费(亿元) DOMESTIC TOURISM EXPENDITURE (100Mn.RMB￥)	人均花费(元) AVERAGE EXPENDITURE PER CAPITA(RMB￥)
全国合计 TOTAL	**7.19**	**57.6**	**2 831.92**	**394.0**
城镇居民 URBAN RESIDENTS	2.84	94.8	1 748.23	614.8
农村农民 RURAL RESIDENTS	4.35	47.0	1 083.69	249.5
城镇居民 URBAN RESIDENTS	2.84	94.8	1 748.23	614.8
一季度 JAN.－MAR.	0.81	26.9	544.94	676.5
二季度 APR.－JUNE	0.62	20.7	325.99	525.2
三季度 JULY－SEP.	0.73	24.3	541.42	743.3
四季度 OCT.－DEC.	0.69	23.0	335.87	487.6

注：＊出游率指城镇居民或农村农民出游的人次数占其人口数的比重。

NOTE: RATE IS THE RATIO THAT THE TOTAL AMOURT OF THE URBAN CITIZENS OR THE RURAL HABITANTS COMPARES TO THE URBAN POPULATION OR THE RURAL POPULATION.

4－2　1999年城镇居民国内旅游情况(按城市分)

STATISTICS OF DOMESTIC TOURISM OF URBAN RESIDENTS BY MAJOR CITIES 1999

城　市	NAME OF CITY	人均花费(元) AVERAGE EXPENDITURE PER CAPITA	比上年增长(%) GROWTH (%)	出游率(%) RATE (%)	比上年增长(%) GROWTH (%)
总 平 均	**AVERAGE TOTAL**	**614.8**	**1.3**	**94.8**	**5.6**
北　京	BEIJING	712.2	27.0	108.2	-1.1
天　津	TIANJIN	409.7	-91.0	100.2	2.2
石家庄	SHIJIAZHUANG	398.0	-5.3	109.5	25.3
太　原	TAIYUAN	473.5	-21.6	91.3	-12.7
呼和浩特	HOHHOT	595.9	-3.7	79.8	2.6
沈　阳	SHENYANG	212.7	-18.6	112.9	48.6
大　连	DALIAN	579.1	2.5	73.3	12.7
长　春	CHANGCHUN	1 617.2	-6.0	58.2	-5.6
哈尔滨	HARBIN	591.3	-16.8	66.3	10.1
上　海	SHANGHAI	722.0	111.4	87.2	-18.6
南　京	NANJING	475.2	-28.5	68.9	4.9
无　锡	WUXI	809.3	15.8	70.4	3.1
苏　州	SUZHOU	350.7	19.0	108.9	16.6
杭　州	HANGZHOU	752.1	3.4	130.0	41.9
宁　波	NINGBO	748.5	3.5	115.5	-6.5
合　肥	HEFEI	548.0	-30.8	85.5	8.5
福　州	FUZHOU	465.0	-37.2	92.0	-10.8
厦　门	XIAMEN	1 674.3	45.4	115.6	-19.8
南　昌	NANCHANG	639.2	24.7	68.4	-6.4
济　南	JINAN	667.4	-25.7	78.1	6.9
青　岛	QINGDAO	497.3	45.1	146.0	12.7
郑　州	ZHENGZHOU	404.4	26.2	92.0	6.5
武　汉	WUHAN	513.1	-23.9	93.6	9.8
长　沙	CHANGSHA	616.2	-26.8	93.2	26.2
广　州	GUANGZHOU	374.5	-11.3	133.8	-4.1
深　圳	SHENZHEN	1 345.7	18.4	111.7	-26.7
珠　海	ZHUHAI	1 296.9	10.4	70.6	-3.2
南　宁	NANNING	585.6	-20.7	88.0	11.4
桂　林	GUILIN	935.1	70.3	66.1	-3.0
海　口	HAIKOU	506.1	-19.8	93.4	2.0
重　庆	CHONGQING	600.6	88.4	131.9	33.6
成　都	CHENGDU	585.7	53.6	96.3	3.1
贵　阳	GUIYANG	708.2	29.7	90.7	-15.6
昆　明	KUNMING	556.5	-5.9	112.4	-5.0
西　安	XI'AN	309.7	-4.4	145.4	7.5
兰　州	LANZHOU	983.4	22.1	77.7	-4.1
西　宁	XINING	1 484.6	11.3	54.4	7.8
银　川	YINCHUAN	1 374.8	-14.3	54.5	4.3
乌鲁木齐	URUMQI	1 788.0	31.4	62.1	5.5

资料来源:1999年"城镇居民国内旅游抽样调查"

SOURCE: THE 1999 SAMPLING OF DOMESTIC TOURISM IN CHINA

4－3 1999年城镇居民国内旅游情况(按性别、年龄分)

DOMESTIC TOURISM OF URBAN RESIDENTS BY SEX & AGE 1999

城 市 NAME OF CITY	合计 TOTAL (%)	性别 SEX 男 MALE	 女 FEMALE	年龄 AGE 65岁以上 OVER 65	 45—64岁 45－64	 25—44岁 25－44	 15—24岁 15－24	 14岁以下 UNDER 14
总平均 AVERAGE TOTAL	**100.0**	**49.0**	**51.0**	**4.6**	**35.4**	**43.5**	**9.5**	**7.0**
北京 BEIJING	100.0	44.5	55.5	4.9	41.3	36.9	9.6	7.3
天津 TIANJIN	100.0	61.5	38.5	5.9	44.9	34.7	8.0	6.5
石家庄 SHIJIAZHUANG	100.0	62.2	37.8	0.0	40.7	47.5	5.8	6.0
太原 TAIYUAN	100.0	53.8	46.2	3.7	18.7	58.7	10.0	8.9
呼和浩特 HOHHOT	100.0	57.7	42.3	0.0	42.3	40.6	13.5	3.6
沈阳 SHENYANG	100.0	44.1	55.9	4.0	36.6	39.9	12.7	6.8
大连 DALIAN	100.0	59.7	40.3	12.2	36.8	29.8	15.7	5.5
长春 CHANGCHUN	100.0	64.6	35.4	4.8	11.2	72.5	11.5	0.0
哈尔滨 HARBIN	100.0	45.3	54.7	4.7	45.2	40.4	7.1	2.6
上海 SHANGHAI	100.0	38.7	61.3	18.6	36.5	26.2	12.4	6.3
南京 NANJING	100.0	52.8	47.2	5.4	51.3	35.1	5.4	2.8
无锡 WUXI	100.0	54.2	45.8	8.3	54.1	20.8	16.8	0.0
苏州 SUZHOU	100.0	57.9	42.1	13.1	47.3	31.5	2.6	5.5
杭州 HANGZHOU	100.0	58.7	41.3	3.6	55.0	31.1	8.6	1.7
宁波 NINGBO	100.0	44.9	55.1	3.4	37.9	28.9	21.3	8.5
合肥 HEFEI	100.0	59.1	40.9	3.4	28.4	53.4	3.4	11.4
福州 FUZHOU	100.0	50.6	49.4	12.1	30.3	45.4	5.0	7.2
厦门 XIAMEN	100.0	41.5	58.5	1.4	29.2	55.0	12.8	1.6
南昌 NANCHANG	100.0	33.9	66.1	4.4	42.6	47.0	6.0	0.0
济南 JINAN	100.0	57.5	42.5	0.0	24.0	51.8	12.9	11.3
青岛 QINGDAO	100.0	47.1	52.9	0.0	25.0	51.1	15.1	8.8
郑州 ZHENGZHOU	100.0	49.0	51.0	6.2	24.1	52.4	6.8	10.5
武汉 WUHAN	100.0	45.1	54.9	6.2	41.9	33.4	11.6	6.9
长沙 CHANGSHA	100.0	49.4	50.6	1.2	16.8	63.8	10.8	7.4
广州 GUANGZHOU	100.0	48.0	52.0	3.1	27.5	44.4	10.6	14.4
深圳 SHENZHEN	100.0	52.0	48.0	2.5	20.1	62.9	10.3	4.2
珠海 ZHUHAI	100.0	47.5	52.5	0.0	37.5	50.0	5.0	7.5
南宁 NANNING	100.0	55.0	45.0	0.0	15.4	67.6	12.6	4.4
桂林 GUILIN	100.0	82.4	17.6	0.0	53.5	46.5	0.0	0.0
海口 HAIKOU	100.0	46.2	53.8	5.7	42.3	50.0	0.0	2.0
重庆 CHONGQING	100.0	42.6	57.4	2.6	35.0	48.6	7.8	6.0
成都 CHENGDU	100.0	42.7	57.3	4.2	29.3	54.0	4.2	8.3
贵阳 GUIYANG	100.0	40.6	59.4	2.7	32.4	52.7	6.7	5.5
昆明 KUNMING	100.0	38.0	62.0	0.0	35.5	53.0	5.4	6.1
西安 XI'AN	100.0	53.6	46.4	5.4	45.7	30.0	8.2	10.7
兰州 LANZHOU	100.0	58.0	42.0	8.0	39.0	34.0	7.0	12.0
西宁 XINING	100.0	53.9	46.1	0.0	57.6	34.6	7.8	0.0
银川 YINCHUAN	100.0	45.0	55.0	0.0	20.0	65.0	15.0	0.0
乌鲁木齐 URUMQI	100.0	56.8	43.2	5.4	56.7	27.0	8.1	2.8

资料来源:1999年"城镇居民国内旅游抽样调查"

SOURCE: THE 1999 SAMPLING OF DOMESTIC TOURISM IN CHINA

4－4 1999年城镇居民国内旅游

DOMESTIC TOURISM EXPENDITURE

城 市 NAME OF CITY		性别 SEX		
		男 MALE	女 FEMALE	65 岁以上 OVER 65
总 平 均	**AVERAGE TOTAL**	**689.8**	**660.8**	**472.3**
北 京	BEIJING	846.5	781.1	858.4
天 津	TIANJIN	422.6	383.5	250.4
石 家 庄	SHIJIAZHUANG	334.0	504.3	—
太 原	TAIYUAN	329.6	618.3	374.7
呼和浩特	HOHHOT	538.7	468.3	—
沈 阳	SHENYANG	260.0	281.2	334.7
大 连	DALIAN	1 072.9	461.3	331.6
长 春	CHANGCHUN	1 420.4	1 047.8	255.7
哈 尔 滨	HARBIN	625.1	609.0	1 273.0
上 海	SHANGHAI	746.4	1 692.9	283.8
南 京	NANJING	486.1	326.9	227.0
无 锡	WUXI	531.2	612.9	485.5
苏 州	SUZHOU	379.3	371.1	470.4
杭 州	HANGZHOU	679.2	496.7	275.8
宁 波	NINGBO	768.9	566.0	300.0
合 肥	HEFEI	608.6	566.6	252.0
福 州	FUZHOU	654.4	462.7	378.5
厦 门	XIAMEN	2 678.3	1 237.1	260.0
南 昌	NANCHANG	458.9	509.6	124.3
济 南	JINAN	1 005.6	339.6	—
青 岛	QINGDAO	613.8	464.8	—
郑 州	ZHENGZHOU	539.7	437.4	169.8
武 汉	WUHAN	496.3	451.2	1 042.9
长 沙	CHANGSHA	602.7	797.9	308.0
广 州	GUANGZHOU	388.2	317.0	111.6
深 圳	SHENZHEN	1 610.4	1 394.6	1 636.0
珠 海	ZHUHAI	581.9	2 339.5	—
南 宁	NANNING	333.6	598.7	—
桂 林	GUILIN	628.1	1 140.1	
海 口	HAIKOU	437.8	562.3	282.7
重 庆	CHONGQING	895.8	671.8	870.7
成 都	CHENGDU	628.8	555.0	447.4
贵 阳	GUIYANG	307.6	—	94.5
昆 明	KUNMING	730.3	573.0	—
西 安	XI'AN	345.8	611.5	104.1
兰 州	LANZHOU	880.5	717.5	1 591.5
西 宁	XINING	1 312.3	891.4	—
银 川	YINCHUAN	1 075.3	1 973.5	—
乌鲁木齐	URUMQI	1 699.1	2 797.9	3 132.0

资料来源:1999 年"城镇居民国内旅游抽样调查"

SOURCE: THE 1999 SAMPLING OF DOMESTIC TOURISM IN CHINA

花费情况(按性别、年龄分)

OF URBAN RESIDENTS BY SEX & AGE 1999

单位:元/人 UNIT:RMB ¥ /PERSON

年 龄 AGE			
45—64 岁 45 - 64	25—44 岁 25 - 44	15—24 岁 15 - 24	14 岁以下 UNDER 14
623.1	**827.5**	**488.0**	**367.3**
791.7	925.2	720.9	408.6
354.7	502.8	542.2	236.7
536.6	336.9	258.0	75.7
375.2	614.5	230.3	326.1
791.4	319.4	299.0	91.0
234.4	259.5	385.6	296.8
1 094.9	952.5	333.0	862.0
727.7	1 345.8	1 921.0	—
615.9	286.4	2 255.0	—
994.5	2 756.8	1 259.9	516.7
427.8	460.6	578.8	100.0
603.0	352.4	769.0	—
282.4	526.7	170.0	178.0
625.9	653.4	477.3	275.0
699.5	968.6	342.1	332.9
1 115.2	439.9	374.7	160.7
948.2	376.6	281.0	578.6
1 695.2	2 202.5	937.6	146.5
585.8	398.5	843.5	—
625.2	1 032.3	221.9	66.8
487.1	592.0	504.9	390.0
367.6	658.2	475.8	100.7
532.1	396.7	277.3	269.8
500.8	861.0	468.0	176.5
456.4	364.8	220.7	255.1
1 555.6	1 632.4	727.4	1 213.3
631.7	2 480.3	465.0	58.3
366.5	531.4	171.3	363.3
1 682.5	1 824.7	—	—
286.1	690.7	—	1 152.0
388.7	1 158.7	346.7	285.9
401.1	718.3	274.2	617.6
831.6	260.8	64.2	201.0
475.8	819.1	318.9	200.3
365.3	674.6	87.2	824.7
912.1	758.7	499.3	300.8
1 175.7	1 205.6	292.0	—
713.8	2 139.4	240.0	—
2 283.6	2 740.5	258.3	48.0

4－5　1999年城镇居民

DOMESTIC TOURISM OF URBAN

城　　市 NAME OF CITY		合　计 TOTAL (%)	按出游目的分(%)	
			观光游览 SIGHTSEEING	探亲访友 VISITING RELATIVES & FRIENDS
总 平 均	**AVERAGE TOTAL**	**100.0**	**24.1**	**48.8**
北　　京	BEIJING	100.0	23.6	56.2
天　　津	TIANJIN	100.0	5.0	50.0
石 家 庄	SHIJIAZHUANG	100.0	29.1	42.7
太　　原	TAIYUAN	100.0	15.0	62.5
呼和浩特	HOHHOT	100.0	11.8	69.4
沈　　阳	SHENYANG	100.0	50.8	16.8
大　　连	DALIAN	100.0	17.5	63.1
长　　春	CHANGCHUN	100.0	6.4	38.7
哈 尔 滨	HARBIN	100.0	19.0	59.5
上　　海	SHANGHAI	100.0	39.3	35.8
南　　京	NANJING	100.0	4.0	79.7
无　　锡	WUXI	100.0	20.8	33.3
苏　　州	SUZHOU	100.0	2.6	81.5
杭　　州	HANGZHOU	100.0	23.1	31.8
宁　　波	NINGBO	100.0	40.0	28.9
合　　肥	HEFEI	100.0	10.2	59.0
福　　州	FUZHOU	100.0	11.1	60.6
厦　　门	XIAMEN	100.0	39.2	13.5
南　　昌	NANCHANG	100.0	23.5	69.1
济　　南	JINAN	100.0	7.4	57.4
青　　岛	QINGDAO	100.0	13.3	56.3
郑　　州	ZHENGZHOU	100.0	19.3	66.8
武　　汉	WUHAN	100.0	11.1	72.7
长　　沙	CHANGSHA	100.0	6.0	75.9
广　　州	GUANGZHOU	100.0	48.4	35.1
深　　圳	SHENZHEN	100.0	22.0	56.4
珠　　海	ZHUHAI	100.0	32.5	55.0
南　　宁	NANNING	100.0	14.0	66.1
桂　　林	GUILIN	100.0	58.8	23.5
海　　口	HAIKOU	100.0	7.6	42.3
重　　庆	CHONGQING	100.0	31.1	33.3
成　　都	CHENGDU	100.0	19.9	42.1
贵　　阳	GUIYANG	100.0	29.7	43.2
昆　　明	KUNMING	100.0	51.8	16.8
西　　安	XI'AN	100.0	14.4	78.1
兰　　州	LANZHOU	100.0	0.0	77.0
西　　宁	XINING	100.0	0.0	88.4
银　　川	YINCHUAN	100.0	15.0	75.0
乌鲁木齐	URUMQI	100.0	2.7	62.1

资料来源:1999年"城镇居民国内旅游抽样调查"

SOURCE: THE 1999 SAMPLING OF DOMESTIC TOURISM IN CHINA

国内旅游情况(按出游目的分)

RESIDENTS BY PURPOSE 1999

TRAVEL PURPOSE (%)

商 务 BUSINESS	会 议 MEETING	度假休闲 HOLIDAY	宗教朝拜 RELIGION PILGRIMAGE	文体交流 CULTURAL/SPORTS EXCHANGE PROGRAMME	其 他 OTHER
3.8	**6.6**	**8.6**	**1.3**	**1.5**	**5.3**
1.5	4.3	9.0	0.0	1.2	4.2
16.9	13.5	0.0	0.8	0.8	13.0
1.9	15.5	1.9	0.0	5.8	3.1
3.7	0.0	8.7	0.0	2.5	7.6
0.0	3.3	0.0	0.0	0.0	15.5
2.4	10.3	12.7	0.8	2.4	3.8
1.7	3.5	3.5	0.0	0.0	10.7
22.5	12.9	4.8	0.0	3.2	11.5
0.0	7.1	4.7	0.0	0.0	9.7
0.6	2.7	14.4	5.5	1.7	0.0
2.7	2.7	0.0	0.0	1.3	9.6
16.6	0.0	0.0	12.5	8.3	8.5
0.0	7.8	0.0	8.1	0.0	0.0
15.2	12.3	5.0	7.2	2.1	3.3
6.8	9.6	9.6	2.0	3.1	0.0
2.2	13.6	10.2	0.0	0.0	4.8
1.0	13.1	10.1	0.0	4.1	0.0
14.2	12.1	7.8	9.2	2.1	1.9
0.0	1.4	1.4	0.0	1.4	3.2
1.8	16.6	5.5	0.0	5.5	5.8
1.7	8.1	4.6	0.0	0.5	15.5
0.0	4.8	6.8	0.0	0.0	2.3
0.8	1.7	4.4	3.5	0.0	5.8
1.2	3.6	2.4	0.0	3.6	7.3
1.7	1.7	8.8	0.8	0.4	3.1
3.2	4.5	10.3	0.0	0.0	3.6
2.5	2.5	2.5	2.5	0.0	2.5
8.4	5.6	2.8	0.0	0.0	3.1
5.8	0.0	5.8	0.0	6.1	0.0
0.0	3.8	0.0	0.0	0.0	46.3
1.3	4.8	21.4	3.0	3.5	1.6
0.9	6.1	26.5	0.9	0.9	2.7
0.0	4.0	16.2	0.0	4.0	2.9
0.6	4.2	23.4	0.0	0.6	2.6
3.5	1.9	0.3	0.0	0.0	1.8
2.0	9.0	5.0	0.0	2.0	5.0
0.0	3.8	0.0	0.0	3.8	4.0
0.0	5.0	0.0	0.0	0.0	5.0
8.1	16.2	2.7	0.0	2.7	5.5

4－6 1999年城镇居民

DOMESTIC TOURISM EXPENDITURE OF

城市 NAME OF CITY		观光游览 SIGHTSEEING	探亲访友 VISITING RELATIVES & FRIENDS	商务 BUSINESS
总平均	**AVERAGE TOTAL**	**721.5**	**555.9**	**1 153.1**
北京	BEIJING	898.3	596.3	4 226.0
天津	TIANJIN	223.1	333.8	417.7
石家庄	SHIJIAZHUANG	411.1	301.4	922.0
太原	TAIYUAN	1 130.8	249.9	986.0
呼和浩特	HOHHOT	1 185.7	448.7	—
沈阳	SHENYANG	187.8	233.6	558.1
大连	DALIAN	1 835.1	373.9	440.0
长春	CHANGCHUN	2 620.0	1 166.2	1 136.4
哈尔滨	HARBIN	1 403.1	430.7	—
上海	SHANGHAI	1 784.0	1 282.2	2 020.0
南京	NANJING	1 332.0	323.9	431.0
无锡	WUXI	436.8	475.4	462.5
苏州	SUZHOU	—	344.2	—
杭州	HANGZHOU	655.7	488.0	793.9
宁波	NINGBO	469.3	677.3	1 680.6
合肥	HEFEI	232.3	570.8	3 084.5
福州	FUZHOU	296.8	565.9	1 730.0
厦门	XIAMEN	1 464.8	913.6	2 809.7
南昌	NANCHANG	915.0	341.7	—
济南	JINAN	668.3	368.3	3 100.0
青岛	QINGDAO	1 107.6	417.4	900.7
郑州	ZHENGZHOU	709.3	340.2	—
武汉	WUHAN	344.2	508.8	491.5
长沙	CHANGSHA	1 498.6	359.4	—
广州	GUANGZHOU	338.3	379.4	986.8
深圳	SHENZHEN	1 391.4	1 475.6	1 172.0
珠海	ZHUHAI	280.0	2 388.9	200.0
南宁	NANNING	127.2	438.7	428.5
桂林	GUILIN	—	2 111.0	230.0
海口	HAIKOU	625.0	849.2	—
重庆	CHONGQING	527.4	593.7	930.0
成都	CHENGDU	761.3	736.7	383.5
贵阳	GUIYANG	366.9	397.8	—
昆明	KUNMING	520.2	811.0	160.0
西安	XI'AN	2 056.2	176.6	210.7
兰州	LANZHOU	—	647.5	1 385.0
西宁	XINING	—	1 155.6	—
银川	YINCHUAN	3 326.0	837.9	—
乌鲁木齐	URUMQI	130.0	1 602.2	4 021.3

资料来源：1999年“城镇居民国内旅游抽样调查”

SOURCE: THE 1999 SAMPLING OF DOMESTIC TOURISM IN CHINA

国内旅游花费情况(按出游目的分)

URBAN RESIDENTS BY PURPOSE 1999

会 议 MEETING	度假休闲 HOLIDAY	宗教朝拜 RELIGION PILGRIMAGE	文体交流 CULTURAL/SPORTS EXCHANGE PROGRAMME	其 他 OTHER
1 220.6	**484.7**	**255.7**	**1 674.2**	**655.9**
1 151.9	609.1	—	4 378.8	409.6
810.5	—	82.0	405.0	350.2
366.1	340.0	—	1 000.0	356.3
—	192.4	—	3 825.0	289.7
1 101.0	—	—	—	125.0
588.3	159.9	158.7	686.2	685.6
1 276.0	1 905.0	—	—	1 412.7
1 903.8	274.0	—	888.5	1 094.4
346.7	625.0	—	—	399.8
1 071.0	664.6	338.5	567.5	—
960.0	—	—	1 054.0	673.4
—	—	906.7	1 060.0	485.5
860.0	—	320.0	—	—
476.1	627.1	176.0	226.7	2 319.5
1 104.6	101.1	227.3	1 305.5	—
763.1	241.7	—	—	693.3
813.5	497.5	—	222.5	—
2 986.4	2 747.3	416.1	1 983.3	—
870.0	1 045.0	—	76.0	399.0
1 943.1	61.3	—	671.0	703.3
614.6	206.9	—	1 550.0	443.9
1 577.4	434.9	—	—	812.7
954.8	445.3	56.0	—	364.7
2 716.7	242.0	—	2 685.3	1 891.7
940.0	165.9	120.5	500.0	67.7
872.4	2 067.2	—	—	2 262.0
1 550.0	2 210.0	30.0	—	—
353.8	125.0	—	—	3 019.5
—	2 850.0	—	680.0	—
940.0	—	—	—	133.0
3 167.9	368.4	140.3	4 243.4	569.3
949.5	204.4	—	85.5	288.6
506.7	82.3	—	2 656.7	81.5
3 644.0	195.3	—	4 030.0	67.5
1 294.8	—	—	—	87.0
1 283.3	1 200.0	—	1 750.0	1 504.8
1 750.0	—	—	200.0	540.0
6 400.0	—	—	—	2 440.0
2 988.2	—	—	870.0	3 217.0

4－7 1999年城镇居民

DOMESTIC TOURISM OF URBAN

城市 NAME OF CITY		合计 TOTAL (%)	按职业分(%)	
			公务员 OFFICIAL	企事业管理人员 MANAGEMENT
总平均	**AVERAGE TOTAL**	**100.0**	**5.4**	**17.8**
北京	BEIJING	100.0	5.2	11.1
天津	TIANJIN	100.0	3.3	14.8
石家庄	SHIJIAZHUANG	100.0	2.9	21.3
太原	TAIYUAN	100.0	2.5	10.0
呼和浩特	HOHHOT	100.0	10.1	23.7
沈阳	SHENYANG	100.0	6.2	17.1
大连	DALIAN	100.0	7.0	10.5
长春	CHANGCHUN	100.0	12.9	19.3
哈尔滨	HARBIN	100.0	7.1	14.2
上海	SHANGHAI	100.0	3.4	15.8
南京	NANJING	100.0	9.4	9.4
无锡	WUXI	100.0	0.0	33.3
苏州	SUZHOU	100.0	7.8	13.1
杭州	HANGZHOU	100.0	2.1	23.1
宁波	NINGBO	100.0	2.7	13.1
合肥	HEFEI	100.0	6.8	17.0
福州	FUZHOU	100.0	5.0	12.1
厦门	XIAMEN	100.0	6.4	15.0
南昌	NANCHANG	100.0	2.9	23.5
济南	JINAN	100.0	1.8	22.2
青岛	QINGDAO	100.0	0.5	26.7
郑州	ZHENGZHOU	100.0	4.8	18.6
武汉	WUHAN	100.0	2.6	15.1
长沙	CHANGSHA	100.0	1.2	32.5
广州	GUANGZHOU	100.0	4.8	15.5
深圳	SHENZHEN	100.0	18.1	22.7
珠海	ZHUHAI	100.0	7.5	35.0
南宁	NANNING	100.0	15.4	9.8
桂林	GUILIN	100.0	5.8	5.8
海口	HAIKOU	100.0	7.6	32.6
重庆	CHONGQING	100.0	3.0	22.3
成都	CHENGDU	100.0	4.7	27.4
贵阳	GUIYANG	100.0	1.3	16.2
昆明	KUNMING	100.0	4.8	29.5
西安	XI'AN	100.0	4.6	8.9
兰州	LANZHOU	100.0	11.0	8.0
西宁	XINING	100.0	19.2	26.9
银川	YINCHUAN	100.0	0.0	5.0
乌鲁木齐	URUMQI	100.0	21.6	10.8

资料来源：1999年"城镇居民国内旅游抽样调查"

SOURCE: THE 1999 SAMPLING OF DOMESTIC TOURISM IN CHINA

国内旅游情况(按职业分)

RESIDENTS BY OCCUPATION 1999

OCCUPATION(%)

专业技术人员 PROFE-SSIONAL	服务销售人员 WAITER SALESMAN	工　人 TECHNICIAN WORKER	离退休人员 RETIRED	学　生 STUDENT	其　他 OTHER
15.8	**5.8**	**18.5**	**15.1**	**11.7**	**9.9**
12.4	9.3	16.7	25.4	10.5	9.4
12.2	14.4	18.2	22.4	8.4	6.3
30.0	3.8	17.4	4.8	6.7	13.1
30.0	2.5	25.0	8.7	16.2	5.1
13.5	3.3	18.6	8.4	11.8	10.6
16.0	3.2	16.8	13.0	12.7	15.0
8.7	1.7	17.5	29.8	17.5	7.3
24.1	17.7	9.6	3.2	1.6	11.6
7.1	2.3	14.2	35.7	7.1	12.3
6.8	8.9	15.8	31.7	10.3	7.3
17.5	2.7	13.5	24.3	8.1	15.1
12.5	0.0	16.6	25.0	8.3	4.3
10.5	7.8	13.1	36.8	7.8	3.1
12.3	5.0	21.0	23.1	2.1	11.3
10.3	13.1	23.4	10.3	19.3	7.8
23.8	6.8	10.2	13.6	12.5	9.3
7.0	6.0	29.2	18.1	11.1	11.5
11.4	15.0	16.4	10.0	7.8	18.0
26.4	1.4	19.1	16.1	4.4	6.2
25.9	11.1	12.9	1.8	16.6	7.7
12.2	4.6	27.9	1.7	23.8	2.6
19.3	5.5	19.3	14.4	9.6	8.5
13.8	2.2	17.8	20.9	13.3	14.3
12.0	0.0	27.7	3.6	14.4	8.6
22.2	3.5	16.8	10.2	19.1	7.9
15.5	6.4	7.7	4.5	11.0	14.1
12.5	5.0	15.0	2.5	12.5	10.0
21.1	15.4	16.9	1.4	12.6	7.4
23.5	5.8	5.8	0.0	0.0	53.3
13.4	1.9	13.4	19.2	1.9	10.0
21.0	7.0	20.6	10.9	10.0	5.2
17.0	2.3	20.8	13.2	9.9	4.7
16.2	1.3	14.8	14.8	9.4	26.0
27.7	0.0	22.8	3.0	10.2	2.0
7.8	3.5	20.7	25.0	16.0	13.5
13.0	4.0	24.0	19.0	14.0	7.0
3.8	0.0	15.3	15.3	7.6	11.9
40.0	5.0	25.0	10.0	15.0	0.0
16.2	5.4	13.5	24.3	8.2	0.0

4－8 1999年城镇居民

DOMESTIC TOURISM EXPENDITURE OF

城 市	NAME OF CITY	公务员 OFFICIAL	企事业管理人员 MANAGEMENT	专业技术人员 PROFE-SSIONAL
总平均	**AVERAGE TOTAL**	**1 248.7**	**967.6**	**774.3**
北京	BEIJING	1 255.0	1 142.5	1 469.4
天津	TIANJIN	634.1	651.2	659.5
石家庄	SHIJIAZHUANG	236.7	660.3	491.0
太原	TAIYUAN	381.0	499.9	876.0
呼和浩特	HOHHOT	582.8	321.8	1 496.8
沈阳	SHENYANG	524.4	494.7	225.4
大连	DALIAN	721.3	2 736.7	974.4
长春	CHANGCHUN	694.4	1 721.6	910.2
哈尔滨	HARBIN	463.3	399.2	343.3
上海	SHANGHAI	860.0	3 604.0	1 725.9
南京	NANJING	706.9	385.1	478.3
无锡	WUXI	—	499.8	158.3
苏州	SUZHOU	850.0	812.0	333.8
杭州	HANGZHOU	274.3	799.2	1 026.5
宁波	NINGBO	977.5	1 112.8	423.5
合肥	HEFEI	822.2	592.4	752.7
福州	FUZHOU	1 050.4	928.1	265.4
厦门	XIAMEN	1 820.0	2 951.0	3 375.7
南昌	NANCHANG	79.5	691.1	459.8
济南	JINAN	160.0	1 958.8	588.3
青岛	QINGDAO	956.0	636.4	942.8
郑州	ZHENGZHOU	275.7	709.6	806.4
武汉	WUHAN	980.2	627.1	560.8
长沙	CHANGSHA	880.0	899.5	1 109.2
广州	GUANGZHOU	154.9	568.5	365.0
深圳	SHENZHEN	1 739.1	1 801.8	1 368.0
珠海	ZHUHAI	—	633.3	86.0
南宁	NANNING	444.3	260.6	530.7
桂林	GUILIN	—	2 850.0	1 538.5
海口	HAIKOU	1 723.0	623.1	278.4
重庆	CHONGQING	—	786.0	404.4
成都	CHENGDU	633.2	645.4	808.3
贵阳	GUIYANG	1 790.0	246.0	1 054.3
昆明	KUNMING	1 193.4	986.5	608.8
西安	XI'AN	917.5	1 077.9	211.9
兰州	LANZHOU	1 406.0	1 207.1	752.1
西宁	XINING	1 776.0	1 134.6	530.0
银川	YINCHUAN	—	1 480.0	2 485.3
乌鲁木齐	URUMQI	2 855.4	3 205.3	2 058.0

资料来源:1999年"城镇居民国内旅游抽样调查"

SOURCE: THE 1999 SAMPLING OF DOMESTIC TOURISM IN CHINA

国内旅游花费情况(按职业分)

URBAN RESIDENTS BY OCCUPATION **1999**

服务销售人员 WAITER SALESMAN	工 人 TECHNICIAN WORKER	离退休人员 RETIRED	学 生 STUDENT	其 他 OTHER
798.4	**458.1**	**531.9**	**381.3**	**549.8**
922.9	502.4	632.6	457.4	242.1
386.4	244.1	320.0	130.5	427.9
493.5	210.3	179.0	235.7	175.5
510.0	263.1	394.0	286.5	302.3
850.0	331.6	363.2	244.1	195.7
566.9	169.7	154.6	234.1	144.1
120.0	711.8	519.2	496.3	471.3
862.3	1 486.8	374.0	1 641.1	—
120.0	244.0	801.9	2 245.0	143.8
584.0	674.9	513.0	581.3	3 257.2
356.0	561.0	407.4	419.2	152.0
—	530.0	866.8	406.0	—
283.3	194.4	262.8	175.3	310.0
227.1	470.9	327.8	216.7	873.0
848.1	558.5	724.7	289.9	887.1
296.8	339.2	925.4	224.3	532.2
216.3	427.6	722.2	460.1	489.5
2 134.6	1 008.0	1 411.4	582.5	1 253.6
725.0	245.8	583.0	577.3	274.7
100.0	334.1	476.0	141.3	66.3
354.8	298.8	1 390.0	463.0	414.3
367.0	455.1	274.9	150.3	288.3
325.8	269.5	643.2	227.0	384.7
—	605.7	389.3	364.2	382.3
451.4	205.3	465.6	257.4	351.3
1 526.0	1 278.8	953.6	796.4	1 744.0
—	1 266.7	—	221.0	336.3
938.3	95.3	2 000.0	222.4	406.0
670.0	2 530.0	—	—	—
198.0	94.9	284.1	1 152.0	393.0
573.9	1 055.2	387.0	288.3	608.3
326.8	567.1	333.6	570.6	254.5
—	159.6	820.0	74.9	143.3
—	213.6	980.4	166.4	1 096.7
2 435.3	259.4	227.2	557.8	201.0
1 195.0	673.5	935.6	400.1	282.9
—	795.0	1 175.8	292.0	1 083.3
3 800.0	803.0	745.0	240.0	—
509.0	1 414.0	2 691.0	43.0	—

五、地方接待入境旅游者情况

5. DISTRIBUTION OF INTERNATIONAL TOURISTS TO LOCALITY

5-1 1998-1999年各地区接待
INTERNATIONAL TOURISTS

地区 LOCALITY		1999年总计 TOTAL 1999		
		人数 (人次) ARRIVALS	人天数 (人天) NIGHTS	平均停留 (天) AVERAGE STAY
总计	**TOTAL**	**24 966 304**	**63 103 959**	**2.53**
北京	BEIJING	2 523 943	11 331 104	4.49
天津	TIANJIN	320 777	1 063 714	3.32
河北	HEBEI	370 863	944 017	2.55
山西	SHANXI	137 785	263 361	1.91
内蒙古	INNERMONGOLIA	368 422	726 596	1.97
辽宁	LIAONING	491 307	1 633 313	3.32
吉林	JILIN	159 475	276 953	1.74
黑龙江	HEILONGJIANG	407 074	843 511	2.07
上海	SHANGHAI	1 656 757	6 243 817	3.77
江苏	JIANGSU	1 344 138	5 053 660	3.76
浙江	ZHEJIANG	947 788	2 173 965	2.29
安徽	ANHUI	251 183	401 253	1.60
福建	FUJIAN	1 356 042	4 408 567	3.25
江西	JIANGXI	138 643	376 121	2.71
山东	SHANDONG	622 033	1 403 361	2.26
河南	HENAN	300 128	810 346	2.70
湖北	HUBEI	305 408	622 037	2.04
湖南	HUNAN	385 830	1 195 185	3.10
广东	GUANGDONG	8 760 190	15 453 964	1.76
广西	GUANGXI	770 651	1 293 076	1.68
海南	HAINAN	456 482	792 114	1.74
重庆	CHONGQING	184 936	599 100	3.24
四川	SICHUAN	373 400	623 400	1.67
贵州	GUIZHOU	166 995	350 856	2.10
云南	YUNNAN	1 040 000	1 648 475	1.59
西藏	TIBET	100 821	216 396	2.15
陕西	SHAANXI	630 254	1 519 080	2.41
甘肃	GANSU	144 586	237 250	1.64
青海	QINGHAI	20 537	37 439	1.82
宁夏	NINGXIA	6 027	14 668	2.43
新疆	XINJIANG	223 829	547 260	2.44

入境旅游者情况

BY LOCALITY **1998 – 1999**

1998 年总计 TOTAL 1998			1999 年比 1998 年增减 INCREASE		
人　数 (人次) ARRIVALS	人天数 (人天) NIGHTS	平均停留 (天) AVERAGE STAY	人　数 (%) ARRIVALS (%)	人天数 (%) NIGHTS (%)	平均停留 (天) AVERAGE STAY
21 910 877	**57 921 774**	**2.64**	**13.94**	**8.95**	**- 0.12**
2 200 900	10 996 400	5.00	14.68	3.04	- 0.51
304 887	1 039 038	3.41	5.21	2.37	- 0.09
326 885	897 567	2.75	13.45	5.18	- 0.20
125 051	247 660	1.98	10.18	6.34	- 0.07
368 983	746 275	2.02	- 0.15	- 2.64	- 0.05
410 654	1 412 707	3.44	19.64	15.62	- 0.12
131 380	228 664	1.74	21.38	21.12	0.00
383 321	745 225	1.94	6.20	13.19	0.13
1 527 118	5 767 274	3.78	8.49	8.26	- 0.01
1 154 010	3 959 041	3.43	16.48	27.65	0.33
819 615	1 945 681	2.37	15.64	11.73	- 0.08
184 198	320 909	1.74	36.37	25.04	- 0.14
1 217 795	4 704 775	3.86	11.35	- 6.30	- 0.61
114 930	289 741	2.52	20.63	29.81	0.19
608 209	1 204 066	1.98	2.27	16.55	0.28
274 658	742 894	2.70	9.27	9.08	0.00
295 634	513 569	1.74	3.31	21.12	0.30
348 619	1 061 227	3.04	10.67	12.62	0.05
7 886 500	14 600 695	1.85	11.08	5.84	- 0.09
523 255	1 003 185	1.92	47.28	28.90	- 0.24
394 211	633 975	1.61	15.80	24.94	0.13
163 417	527 594	3.23	13.17	13.55	0.01
290 575	516 938	1.78	28.50	20.59	- 0.11
151 342	321 320	2.12	10.34	9.19	- 0.02
760 909	1 314 863	1.73	36.68	25.37	- 0.14
96 444	226 299	2.35	4.54	- 4.38	- 0.20
540 473	1 160 248	2.15	16.61	30.93	0.26
122 360	214 795	1.76	18.16	10.45	- 0.11
16 610	26 039	1.57	23.64	43.78	0.26
5 069	12 189	2.40	18.90	20.34	0.03
162 865	540 921	3.32	37.43	1.17	- 0.88

5-2 1999年各地区接待

BREAKDOWN OF INTERNATIONAL

地区 LOCALITY		外国人 FOREIGNERS 人数(人次) ARRIVALS	人天数(人天) NIGHTS	平均停留(天) AVERAGE STAY	华 OVERSEAS 人数(人次) ARRIVALS
总计	**TOTAL**	**12 001 363**	**34 860 062**	**2.90**	**538 108**
北京	BEIJING	2 050 159	9 227 907	4.50	33 216
天津	TIANJIN	281 517	959 146	3.41	4 824
河北	HEBEI	322 236	840 545	2.61	2 237
山西	SHANXI	101 081	197 312	1.95	1 942
内蒙古	INNERMONGOLIA	363 501	720 341	1.98	76
辽宁	LIAONING	386 315	1 324 361	3.43	10 046
吉林	JILIN	141 077	251 289	1.78	419
黑龙江	HEILONGJIANG	360 583	751 421	2.08	138
上海	SHANGHAI	1 287 280	5 097 629	3.96	46 362
江苏	JIANGSU	804 393	2 361 803	2.94	43 614
浙江	ZHEJIANG	506 650	1 195 446	2.36	32 684
安徽	ANHUI	138 292	242 274	1.75	4 116
福建	FUJIAN	353 045	1 058 852	3.00	55 990
江西	JIANGXI	40 981	113 866	2.78	5 717
山东	SHANDONG	417 911	952 552	2.28	7 242
河南	HENAN	160 338	362 438	2.26	4 065
湖北	HUBEI	223 331	476 106	2.13	1 417
湖南	HUNAN	134 837	567 725	4.21	4 448
广东	GUANGDONG	1 487 716	3 179 139	2.14	247 054
广西	GUANGXI	370 740	667 182	1.80	2 787
海南	HAINAN	73 233	183 082	2.50	5 766
重庆	CHONGQING	133 629	447 119	3.35	134
四川	SICHUAN	179 500	321 200	1.79	7 000
贵州	GUIZHOU	65 664	149 632	2.28	779
云南	YUNNAN	724 964	1 176 713	1.62	4 639
西藏	TIBET	92 640	199 084	2.15	42
陕西	SHAANXI	501 607	1 147 011	2.29	9 542
甘肃	GANSU	94 647	168 260	1.78	707
青海	QINGHAI	8 882	15 624	1.76	863
宁夏	NINGXIA	4 463	11 382	2.55	177
新疆	XINJIANG	190 151	493 621	2.60	65

入境旅游者构成

TOURISTS BY LOCALITY 1999

侨 CHINESE		港澳同胞 HONG KONG & MACAU			台湾同胞 TAIWAN PROVINCE		
人天数 (人天) NIGHTS	平均停留 (天) AVERAGE STAY	人 数 (人次) ARRIVALS	人天数 (人天) NIGHTS	平均停留 (天) AVERAGE STAY	人 数 (人次) ARRIVALS	人天数 (人天) NIGHTS	平均停留 (天) AVERAGE STAY
1 848 200	**3.43**	**8 717 411**	**17 208 536**	**1.97**	**3 709 422**	**9 187 161**	**2.48**
133 034	4.01	265 250	1 148 529	4.33	175 318	821 634	4.69
7 269	1.51	19 988	55 779	2.79	14 448	41 520	2.87
7 117	3.18	30 733	62 045	2.02	15 657	34 310	2.19
3 708	1.91	14 839	27 341	1.84	19 923	35 000	1.76
80	1.05	1 473	2 007	1.36	3 372	4 168	1.24
42 239	4.20	41 758	125 197	3.00	53 188	141 516	2.66
584	1.39	7 202	10 946	1.52	10 777	14 134	1.31
350	2.54	32 460	65 623	2.02	13 893	26 117	1.88
166 903	3.60	172 090	511 107	2.97	151 025	468 178	3.10
339 530	7.78	211 881	540 774	2.55	284 250	1 811 553	6.37
156 005	4.77	183 577	358 398	1.95	224 877	464 116	2.06
9 639	2.34	34 469	55 213	1.60	74 306	94 127	1.27
290 250	5.18	532 385	2 029 085	3.81	414 622	1 030 380	2.49
14 545	2.54	55 960	112 024	2.00	35 985	135 686	3.77
35 981	4.97	120 619	203 581	1.69	76 261	211 247	2.77
19 081	4.69	59 859	200 702	3.35	75 866	228 125	3.01
2 380	1.68	30 935	57 765	1.87	49 725	85 786	1.73
12 923	2.91	103 743	317 245	3.06	142 802	297 292	2.08
532 010	2.15	6 007 981	9 984 530	1.66	1 017 439	1 758 285	1.73
5 541	1.99	161 400	262 978	1.63	235 724	357 375	1.52
10 955	1.90	305 769	440 307	1.44	71 714	157 770	2.20
304	2.27	19 046	57 477	3.02	32 127	94 200	2.93
11 100	1.59	45 500	77 400	1.70	141 400	213 700	1.51
1 623	2.08	47 558	93 173	1.96	52 994	106 428	2.01
7 223	1.56	135 716	212 134	1.56	174 681	252 405	1.44
107	2.55	3 779	8 163	2.16	4 360	9 042	2.07
34 614	3.63	48 471	147 267	3.04	70 634	190 188	2.69
872	1.23	11 116	20 696	1.86	38 116	47 422	1.24
1 707	1.98	2 699	5 415	2.01	8 093	14 693	1.82
446	2.52	731	1 415	1.94	656	1 425	2.17
80	1.23	8 424	14 220	1.69	25 189	39 339	1.56

5－3 1999年各地区接待

FOREIGN TOURISTS BY

地 区	LOCALITY	合 计 TOTAL	#日 本 JAPAN	#韩 国 KOREA	#马来西亚 MALA－YSIA	#菲律宾 PHILIP－PINES	#新加坡 SINGA－PORE
总 计	**TOTAL**	**12 001 363**	**3 007 720**	**1 013 348**	**697 179**	**166 410**	**607 917**
北 京	BEIJING	2 050 159	456 451	191 539	109 546	11 760	72 824
天 津	TIANJIN	281 517	33 127	27 266	2 558	669	4 707
河 北	HEBEI	322 236	48 521	17 031	51 275	7 286	23 471
山 西	SHANXI	101 081	48 127	3 168	1 588	1 372	3 853
内蒙古	INNERMONGOLIA	363 501	16 349	1 484	452	47	575
辽 宁	LIAONING	386 315	156 272	153 463	6 171	1 598	5 954
吉 林	JILIN	141 077	13 187	70 291	2 282	431	2 485
黑龙江	HEILONGJIANG	360 583	27 943	14 722	2 874	207	3 707
上 海	SHANGHAI	1 287 280	498 935	98 505	53 731	45 688	49 968
江 苏	JIANGSU	804 393	258 877	56 605	101 602	5 826	44 973
浙 江	ZHEJIANG	506 650	130 693	60 721	48 928	10 928	33 644
安 徽	ANHUI	138 292	38 918	17 233	11 009	1 286	15 293
福 建	FUJIAN	353 045	83 652	12 136	58 894	25 326	73 476
江 西	JIANGXI	40 981	12 050	761	923	612	2 312
山 东	SHANDONG	417 911	114 081	139 722	12 125	11 514	20 089
河 南	HENAN	160 338	39 453	5 073	9 561	3 874	7 828
湖 北	HUBEI	223 331	48 621	2 478	2 036	826	3 160
湖 南	HUNAN	134 837	24 024	9 906	4 869	5 325	7 993
广 东	GUANGDONG	1 487 716	341 243	48 685	122 247	16 958	75 636
广 西	GUANGXI	370 740	78 775	34 991	5 405	2 003	5 319
海 南	HAINAN	73 233	23 489	2 931	8 579	777	10 976
重 庆	CHONGQING	133 629	36 536	3 085	1 365	269	1 924
四 川	SICHUAN	179 500	37 413	4 021	9 793	886	32 355
贵 州	GUIZHOU	65 664	13 055	501	11 215	284	9 796
云 南	YUNNAN	724 964	137 340	6 696	50 314	7 692	82 485
西 藏	TIBET	92 640	13 257	984	335	160	1 333
陕 西	SHAANXI	501 607	182 040	25 959	2 745	2 107	6 246
甘 肃	GANSU	94 647	43 911	1 248	2 528	348	2 970
青 海	QINGHAI	8 882	2 550	204	358	22	387
宁 夏	NINGXIA	4 463	2 079	107	114	8	119
新 疆	XINJIANG	190 151	46 751	1 832	1 757	321	2 059

外国旅游者人数(按国籍分)

LOCALITY & NATIONALITY 1999

单　位:人次

UNIT:PERSON

#泰　国 THAI－LAND	#美　国 U.S.A.	#加拿大 CANADA	#英　国 UNITED KINGDOM	#法　国 FRANCE	#德　国 GERMANY	#俄罗斯 RUSSIA	#澳大利亚 AUS－TRALIA
279 155	**1 186 295**	**232 462**	**366 355**	**362 822**	**467 148**	**586 964**	**226 631**
41 113	240 924	54 498	88 148	78 772	105 305	45 763	48 537
611	12 346	2 097	3 654	2 649	3 332	3 699	2 688
8 958	16 783	6 426	23 333	8 534	8 204	22 711	8 619
1 729	7 273	2 328	3 452	5 868	3 804	1 305	1 534
213	1 603	263	934	501	779	109 461	338
1 266	13 016	3 299	3 384	2 494	5 032	9 817	3 129
738	2 960	676	687	532	4 603	4 955	624
2 611	6 056	4 813	2 384	3 657	2 371	280 789	1 413
16 987	124 582	19 784	33 120	43 767	64 599	5 083	31 318
15 787	71 721	11 061	23 859	23 542	31 482	3 198	17 413
19 458	47 827	12 320	9 967	13 923	19 213	3 596	12 499
6 942	15 113	3 055	2 598	2 885	5 241	456	2 955
4 281	32 148	5 626	5 214	3 054	5 237	1 039	4 232
626	8 424	1 011	1 460	950	3 437	712	772
2 789	28 999	7 224	6 053	4 404	8 820	5 565	4 460
4 032	12 597	6 185	5 716	7 957	11 718	6 211	3 172
1 580	78 758	6 503	14 377	11 392	21 762	452	4 790
5 037	20 977	8 973	4 736	1 989	5 091	1 976	3 999
41 364	155 419	37 403	44 334	37 893	43 814	5 282	30 467
5 465	48 981	6 511	13 847	27 156	21 471	391	7 977
2 063	3 944	968	654	569	1 761	501	688
2 341	46 410	3 230	4 626	7 820	10 134	320	2 543
21 523	20 408	3 256	5 654	5 454	6 541	550	3 852
724	6 612	2 846	3 700	5 558	2 490	240	1 073
65 758	41 350	7 439	17 081	16 003	13 559	639	9 125
454	24 879	2 063	6 184	7 077	14 217	261	4 225
2 886	77 751	8 848	30 708	27 842	29 801	931	10 697
935	8 668	1 824	3 077	5 708	6 736	322	1 651
108	923	149	276	941	1 096	20	185
8	297	190	197	195	166	123	94
768	8 546	1 593	2 941	3 736	5 332	70 596	1 562

5－4　1998－1999年主要城市接待

INTERNATIONAL TOURISTS TO

城市名称 NAME OF CITY		1999年总计 TOTAL 1999		
		人数（人）ARRIVALS	人天数（人天）NIGHTS	平均停留（天）AVERAGE STAY
北京	BEIJING	2 523 943	11 330 104	4.49
天津	TIANJIN	320 777	1 063 714	3.32
石家庄	SHIJIAZHUANG	53 686	178 424	3.32
秦皇岛	QINHUANGDAO	116 039	404 634	3.49
承德	CHENGDE	111 273	166 909	1.50
太原	TAIYUAN	43 521	109 176	2.51
大同	DATONG	37 555	57 649	1.54
呼和浩特	HOHHOT	13 222	18 760	1.42
沈阳	SHENYANG	172 146	514 485	2.99
大连	DALIAN	260 208	960 008	3.69
长春	CHANGCHUN	44 887	121 242	2.70
吉林	JILIN	13 521	19 175	1.42
延边	YANBIAN	79 099	113 287	1.43
哈尔滨	HARBIN	144 606	282 691	1.95
上海	SHANGHAI	1 656 757	6 243 817	3.77
南京	NANJING	378 897	1 623 037	4.28
无锡	WUXI	223 116	612 714	2.75
苏州	SUZHOU	471 300	1 014 554	2.15
南通	NANTONG	47 991	212 027	4.42
连云港	LIANYUNGANG	4 485	11 386	2.54
杭州	HANGZHOU	591 853	1 238 503	2.09
宁波	NINGBO	112 041	243 762	2.18
温州	WENZHOU	44 499	114 934	2.58
合肥	HEFEI	31 181	100 694	3.23
黄山	HUANGSHAN	166 359	174 274	1.05
福州	FUZHOU	249 601	705 812	2.83
厦门	XIAMEN	402 817	1 529 286	3.80
泉州	QUANZHOU	427 424	541 813	1.27
漳州	ZHANGZHOU	41 362	135 405	3.27

入境旅游者情况

MAJOR CITIES **1998 – 1999**

1998 年 总 计 TOTAL 1998			1999 年比 1998 年增减 INCREASE		
人 数 (人) ARRIVALS	人天数 (人天) NIGHTS	平均停留 (天) AVERAGE STAY	人 数 (%) ARRIVALS	人天数 (%) NIGHTS	平均停留 (天) AVERAGE STAY
2 200 900	10 996 400	5.00	14.68	3.03	-0.51
304 887	1 039 038	3.41	5.21	2.37	-0.09
48 913	163 739	3.35	9.76	8.97	-0.02
106 332	402 897	3.79	9.13	0.43	-0.30
90 142	135 213	1.50	23.44	23.44	0.00
40 506	97 921	2.42	7.44	11.49	0.09
35 884	53 294	1.49	4.66	8.17	0.05
14 306	23 318	1.63	-7.58	-19.55	-0.21
167 804	475 309	2.83	2.59	8.24	0.16
206 005	812 244	3.94	26.31	18.19	-0.25
34 323	89 627	2.61	30.78	35.27	0.09
12 733	24 675	1.94	6.19	-22.29	-0.52
57 264	84 507	1.48	38.13	34.06	-0.04
132 451	262 260	1.98	9.18	7.79	-0.03
1 527 118	5 767 274	3.78	8.49	8.26	-0.01
305 234	782 235	2.56	24.13	107.49	1.72
194 866	584 984	3.00	14.50	4.74	-0.26
304 335	766 809	2.52	54.86	32.31	-0.37
72 328	284 960	3.94	-33.65	-25.59	0.48
4 625	18 367	3.97	-3.03	-38.01	-1.43
507 243	1 116 620	2.20	16.68	10.92	-0.11
100 043	204 852	2.05	11.99	18.99	0.13
36 788	113 527	3.09	20.96	1.24	-0.50
25 771	82 427	3.20	20.99	22.16	0.03
119 995	127 643	1.06	38.64	36.53	-0.02
184 159	664 218	3.61	35.54	6.26	-0.78
387 522	1 511 332	3.90	3.95	1.19	-0.10
395 328	2 600 506	6.58	8.12	-79.17	-5.31
45 635	167 240	3.66	-9.36	-19.04	-0.39

5－4 续表

城市名称 NAME OF CITY		1999年总计 TOTAL 1999		
		人数（人） ARRIVALS	人天数（人天） NIGHTS	平均停留（天） AVERAGE STAY
南昌	NANCHANG	32 120	138 596	4.31
九江	JIUJIANG	20 461	40 528	1.98
济南	JINAN	83 701	154 722	1.85
青岛	QINGDAO	228 029	561 692	2.46
烟台	YANTAI	85 910	296 143	3.45
威海	WEIHAI	84 876	187 038	2.20
郑州	ZHENGZHOU	59 800	106 384	1.78
洛阳	LUOYANG	76 729	102 208	1.33
武汉	WUHAN	160 798	419 859	2.61
长沙	CHANGSHA	158 771	511 084	3.22
广州	GUANGZHOU	3 129 657	6 491 512	2.07
深圳	SHENZHEN	2 494 068	3 915 339	1.57
珠海	ZHUHAI	794 096	1 119 503	1.41
汕头	SHANTOU	216 917	399 823	1.84
湛江	ZHANJIANG	10 014	28 829	2.88
中山	ZHONGSHAN	500 261	681 659	1.36
南宁	NANNING	35 063	60 441	1.72
桂林	GUILIN	605 300	1 040 831	1.72
北海	BEIHAI	21 303	32 731	1.54
海口	HAIKOU	159 466	279 921	1.76
三亚	SANYA	151 802	244 683	1.61
重庆	CHONGQING	184 936	599 100	3.24
成都	CHENGDU	221 174	417 647	1.89
贵阳	GUIYANG	37 714	75 774	2.01
昆明	KUNMING	549 114	844 905	1.54
拉萨	LHASA	62 810	166 141	2.65
西安	XI'AN	557 644	1 389 789	2.49
兰州	LANZHOU	36 390	78 083	2.15
西宁	XINING	9 831	17 421	1.77
银川	YINCHUAN	4 339	11 816	2.72
乌鲁木齐	URUMQI	118 412	386 121	3.26

1998 年 总 计 TOTAL 1998			1999 年比 1998 年增减 INCREASE		
人 数 (人) ARRIVALS	人天数 (人天) NIGHTS	平均停留 (天) AVERAGE STAY	人 数 (%) ARRIVAL	人天数 (%) NIGHTS	平均停留 (天) AVERAGE STAY
28 722	110 868	3.86	11.83	25.01	0.45
8 565	17 078	1.99	138.89	137.31	-0.01
72 624	154 094	2.12	15.25	0.41	-0.27
199 527	495 311	2.48	14.28	13.40	-0.02
119 563	261 591	2.19	-28.15	13.21	1.26
89 164	131 395	1.47	-4.81	42.35	0.73
131 802	456 882	3.47	-54.63	-76.72	-1.69
74 346	103 949	1.40	3.21	-1.67	-0.07
150 746	336 817	2.23	6.67	24.65	0.38
195 529	600 463	3.07	-18.80	-14.89	0.15
3 035 900	6 315 484	2.08	3.09	2.79	-0.01
2 342 500	4 300 939	1.84	6.47	-8.97	-0.27
697 000	997 213	1.43	13.93	12.26	-0.02
187 308	327 776	1.66	15.81	21.98	0.18
9 833	37 391	3.80	1.84	-22.90	-0.92
431 400	542 161	1.26	15.96	25.73	0.11
26 262	49 664	1.89	33.51	21.70	-0.17
380 340	767 603	2.02	59.15	35.59	-0.30
9 971	18 872	1.89	113.65	73.44	-0.36
157 154	255 483	1.63	1.47	9.57	0.13
132 933	245 193	1.84	14.19	-0.21	-0.23
163 417	527 594	3.23	13.17	13.55	0.01
228 786	364 264	1.59	-3.33	14.66	0.30
37 714	75 774	2.01	0.00	0.00	0.00
383 463	587 365	1.53	43.20	43.85	0.01
46 833	158 121	3.38	34.11	5.07	-0.73
479 836	1 045 221	2.18	16.22	32.97	0.31
32 575	66 732	2.05	11.71	17.01	0.10
11 132	18 106	1.63	-11.69	-3.78	0.15
4 092	10 535	2.57	6.04	12.16	0.15
71 265	302 589	4.25	66.16	27.61	-0.99

5－5 1999年主要城市接待

BREAKDOWN OF INTERNATIONAL

城市名称 NAME OF CITY		外国人 FOREIGNERS			华 OVERSEAS
		人数（人） ARRIVALS	人天数（人天） NIGHTS	平均停留（天） AVERAGE STAY	人数（人） ARRIVALS
北京	BEIJING	2 050 159	9 227 907	4.50	33 216
天津	TIANJIN	281 517	959 146	3.41	4 824
石家庄	SHIJIAZHUANG	41 449	139 154	3.36	817
秦皇岛	QINHUANGDAO	110 046	387 408	3.52	16
承德	CHENGDE	95 089	142 123	1.49	1 076
太原	TAIYUAN	32 176	88 126	2.74	210
大同	DATONG	35 683	52 949	1.48	224
呼和浩特	HOHHOT	11 272	16 058	1.42	3
沈阳	SHENYANG	134 379	421 926	3.14	277
大连	DALIAN	199 905	764 838	3.83	9 048
长春	CHANGCHUN	35 874	106 705	2.97	114
吉林	JILIN	6 116	10 346	1.69	275
延边	YANBIAN	77 231	111 125	1.44	26
哈尔滨	HARBIN	100 342	193 871	1.93	102
上海	SHANGHAI	1 287 280	5 097 629	3.96	46 362
南京	NANJING	209 133	736 457	3.52	10 750
无锡	WUXI	133 616	309 943	2.32	2 436
苏州	SUZHOU	313 541	603 183	1.92	8 317
南通	NANTONG	39 545	178 545	4.51	1 227
连云港	LIANYUNGANG	3 484	9 431	2.71	14
杭州	HANGZHOU	324 625	718 099	2.21	9 250
宁波	NINGBO	51 237	133 267	2.60	2 154
温州	WENZHOU	18 531	43 999	2.37	10 208
合肥	HEFEI	19 869	71 440	3.60	1 226
黄山	HUANGSHAN	87 902	92 768	1.06	1 033
福州	FUZHOU	74 603	306 267	4.11	20 808
厦门	XIAMEN	178 679	725 932	4.06	6 300
泉州	QUANZHOU	34 845	75 976	2.18	25 707
漳州	ZHANGZHOU	7 884	28 355	3.60	142

入境旅游者构成

TOURISTS TO MAJOR CITIES 1999

侨 CHINESE		港澳同胞 HONG KONG & MACAU			台湾同胞 TAIWAN PROVINCE		
人天数 (人天) NIGHTS	平均停留 (天) AVERAGE STAY	人数 (人) ARRIVALS	人天数 (人天) NIGHTS	平均停留 (天) AVERAGE STAY	人数 (人) ARRIVALS	人天数 (人天) NIGHTS	平均停留 (天) AVERAGE STAY
133 034	4.01	265 250	1 147 529	4.33	175 318	821 634	4.69
7 269	1.51	19 988	55 779	2.79	14 448	41 520	2.87
4 813	5.89	9 998	30 798	3.08	1 422	3 659	2.57
45	2.81	2 174	5 236	2.41	3 803	11 945	3.14
1 769	1.64	7 151	10 745	1.50	7 957	12 272	1.54
647	3.08	5 478	11 183	2.04	5 657	9 220	1.63
416	1.86	508	1 286	2.53	1 140	2 998	2.63
3	1.00	532	852	1.60	1 415	1 847	1.31
459	1.66	14 693	41 009	2.79	22 797	51 091	2.24
33 867	3.74	24 805	79 278	3.20	26 450	82 025	3.10
242	2.12	3 892	6 981	1.79	5 007	7 314	1.46
312	1.13	3 077	3 587	1.17	4 053	4 930	1.22
26	1.00	148	279	1.89	1 694	1 857	1.10
203	1.99	31 865	64 714	2.03	12 297	23 903	1.94
166 903	3.60	172 090	511 107	2.97	151 025	468 178	3.10
101 871	9.48	70 604	215 017	3.05	88 410	569 692	6.44
28 721	11.79	41 879	72 320	1.73	45 185	201 730	4.46
36 627	4.40	61 611	96 853	1.57	87 831	277 891	3.16
3 999	3.26	2 217	6 135	2.77	5 002	23 348	4.67
20	1.43	428	919	2.15	559	1 016	1.82
23 050	2.49	116 543	220 278	1.89	141 435	277 076	1.96
2 540	1.18	27 450	50 536	1.84	31 200	57 419	1.84
43 704	4.28	6 521	11 097	1.70	9 239	16 134	1.75
3 281	2.68	5 186	15 399	2.97	4 900	10 574	2.16
1 035	1.00	20 478	21 075	1.03	56 946	59 396	1.04
63 051	3.03	53 636	106 046	1.98	100 554	230 448	2.29
22 790	3.62	88 473	335 386	3.79	129 365	445 178	3.44
30 164	1.17	321 360	358 220	1.11	45 512	77 453	1.70
548	3.86	11 236	30 067	2.68	22 100	76 435	3.46

5－5 续表

城 市 名 称 NAME OF CITY		外国人 FOREIGNERS			华 OVERSEAS
		人 数 （人） ARRIVALS	人天数 （人天） NIGHTS	平均停留 （天） AVERAGE STAY	人 数 （人） ARRIVALS
南 昌	NANCHANG	16 689	72 071	4.32	60
九 江	JIUJIANG	9 955	11 412	1.15	526
济 南	JINAN	39 854	88 935	2.23	474
青 岛	QINGDAO	175 279	443 681	2.53	969
烟 台	YANTAI	58 047	169 151	2.91	2 153
威 海	WEIHAI	73 063	145 536	1.99	1 130
郑 州	ZHENGZHOU	27 714	49 322	1.78	289
洛 阳	LUOYANG	65 492	88 105	1.35	318
武 汉	WUHAN	118 505	326 450	2.75	1 029
长 沙	CHANGSHA	72 149	209 214	2.90	2 652
广 州	GUANGZHOU	675 570	1 636 227	2.42	190 178
深 圳	SHENZHEN	446 012	780 818	1.75	14 545
珠 海	ZHUHAI	82 299	179 992	2.19	3 168
汕 头	SHANTOU	43 492	113 718	2.61	4 140
湛 江	ZHANJIANG	2 784	11 718	4.21	192
中 山	ZHONGSHAN	44 736	60 088	1.34	7 565
南 宁	NANNING	20 289	34 294	1.69	106
桂 林	GUILIN	298 800	546 081	1.83	2 400
北 海	BEIHAI	3 648	7 151	1.96	2
海 口	HAIKOU	23 836	47 629	2.00	1 415
三 亚	SANYA	34 267	83 714	2.44	350
重 庆	CHONGQING	133 629	447 119	3.35	134
成 都	CHENGDU	104 584	213 601	2.04	4 736
贵 阳	GUIYANG	16 739	36 704	2.19	153
昆 明	KUNMING	365 375	590 382	1.62	807
拉 萨	LHASA	57 567	152 937	2.66	7
西 安	XI'AN	455 752	1 072 562	2.35	4 715
兰 州	LANZHOU	24 751	56 087	2.27	491
西 宁	XINING	4 352	7 749	1.78	246
银 川	YINCHUAN	3 046	8 910	2.93	171
乌鲁木齐	URUMQI	96 428	346 148	3.59	3

侨 CHINESE		港澳同胞 HONG KONG & MACAU			台湾同胞 TAIWAN PROVINCE		
人天数 (人天) NIGHTS	平均停留 (天) AVERAGE STAY	人　数 (人) ARRIVALS	人天数 (人天) NIGHTS	平均停留 (天) AVERAGE STAY	人　数 (人) ARRIVALS	人天数 (人天) NIGHTS	平均停留 (天) AVERAGE STAY
241	4.02	8 164	36 093	4.42	7 207	30 191	4.19
532	1.01	3 019	3 450	1.14	6 961	25 134	3.61
989	2.09	34 936	51 721	1.48	8 437	13 077	1.55
2 274	2.35	31 300	70 367	2.25	20 481	45 370	2.22
11 798	5.48	9 176	21 633	2.36	16 534	93 561	5.66
14 156	12.53	1 614	3 542	2.19	9 069	23 804	2.62
583	2.02	12 172	23 418	1.92	19 625	33 061	1.68
337	1.06	3 652	5 658	1.55	7 267	8 108	1.12
1 850	1.80	18 340	41 868	2.28	22 924	49 691	2.17
10 283	3.88	43 773	143 376	3.28	40 197	148 211	3.69
438 655	2.31	1 958 393	3 723 791	1.90	305 516	692 839	2.27
21 410	1.47	1 815 764	2 770 044	1.53	217 747	343 067	1.58
3 558	1.12	488 414	634 945	1.30	220 215	301 008	1.37
6 328	1.53	158 219	260 127	1.64	11 066	19 650	1.78
400	2.08	5 806	13 508	2.33	1 232	3 203	2.60
11 020	1.46	377 604	517 233	1.37	70 356	93 318	1.33
230	2.17	11 032	19 420	1.76	3 636	6 497	1.79
4 284	1.79	80 000	153 184	1.91	224 100	337 282	1.51
2	1.00	16 448	23 413	1.42	1 205	2 165	1.80
2 687	1.90	90 791	137 371	1.51	43 424	92 234	2.12
467	1.33	105 433	145 268	1.38	11 752	15 234	1.30
304	2.27	19 046	57 477	3.02	32 127	94 200	2.93
7 954	1.68	30 483	58 094	1.91	81 371	137 998	1.70
451	2.95	7 583	16 874	2.23	13 239	21 745	1.64
995	1.23	77 473	114 667	1.48	105 459	138 861	1.32
25	3.57	2 590	6 434	2.48	2 646	6 745	2.55
21 300	4.52	38 332	129 389	3.38	58 845	166 538	2.83
652	1.33	3 743	9 953	2.66	7 405	11 391	1.54
473	1.92	1 311	2 728	2.08	3 922	6 471	1.65
436	2.55	582	1 175	2.02	540	1 295	2.40
18	6.00	5 573	10 799	1.94	16 408	29 156	1.78

5-6 1999年主要城市接待
FOREIGN TOURISTS BY MAJOR

城市名称 NAME OF CITY	合计 TOTAL	#日本 JAPAN	#韩国 KOREA	#马来西亚 MALA-YSIA	#菲律宾 PHILIP-PINES	#新加坡 SINGA-PORE
北京 BEIJING	2 050 159	456 451	191 539	109 546	11 760	72 824
天津 TIANJIN	281 517	33 127	27 266	2 558	669	4 707
石家庄 SHIJIAZHUANG	41 449	7 695	1 738	2 540	212	1 445
秦皇岛 QINHUANGDAO	110 046	10 626	5 421	5 319	6 164	6 799
承德 CHENGDE	95 089	6 849	1 251	37 857	753	13 246
太原 TAIYUAN	32 176	12 390	730	548	328	701
大同 DATONG	35 683	23 603	1 119	282	118	346
呼和浩特 HOHHOT	11 272	5 361	293	196	25	184
沈阳 SHENYANG	134 379	40 135	63 555	3 711	475	2 729
大连 DALIAN	199 905	99 774	64 647	1 760	983	2 666
长春 CHANGCHUN	35 874	9 488	5 831	1 268	267	927
吉林 JILIN	6 116	964	923	910	154	1 118
延边 YANBIAN	77 231	2 304	61 468	100	8	439
哈尔滨 HARBIN	100 342	25 485	13 802	2 684	202	3 401
上海 SHANGHAI	1 287 280	498 935	98 505	53 731	45 688	49 968
南京 NANJING	209 133	57 518	7 110	35 126	1 012	11 912
无锡 WUXI	133 616	56 045	2 631	31 538	609	8 372
苏州 SUZHOU	313 541	100 615	38 151	31 214	761	15 405
南通 NANTONG	39 545	15 400	2 589	293	139	491
连云港 LIANYUNGANG	3 484	1 293	647	80	7	67
杭州 HANGZHOU	324 625	79 212	42 848	44 421	2 235	25 811
宁波 NINGBO	51 237	16 332	3 567	1 097	1 159	2 341
温州 WENZHOU	18 531	2 658	1 221	451	81	463
合肥 HEFEI	19 869	5 556	847	456	166	877
黄山 HUANGSHAN	87 902	25 544	9 657	9 741	654	12 475
福州 FUZHOU	74 603	20 380	5 554	7 427	1 340	6 692
厦门 XIAMEN	178 679	47 389	5 011	24 233	17 861	37 482
泉州 QUANZHOU	34 845	5 899	1 168	5 844	4 919	4 947
漳州 ZHANGZHOU	7 884	2 036	109	1 232	210	2 399

外国旅游者人数(按国籍分)

CITIES & NATIONALITY 1999

单　位:人
UNIT:PERSON

#泰　国 THAI-LAND	#美　国 U.S.A.	#加拿大 CANADA	#英　国 UNITED KINGDOM	#法　国 FRANCE	#德　国 GERMANY	#俄罗斯 RUSSIA	#澳大利亚 AUS-TRALIA
41 113	240 924	54 498	88 148	78 772	105 305	45 763	48 537
611	12 346	2 097	3 654	2 649	3 332	3 699	2 688
202	3 458	1 106	2 237	998	779	9 720	1 563
7 301	5 229	3 100	5 268	3 527	4 813	8 332	4 467
1 087	4 269	1 187	8 749	3 292	1 795	2 109	2 024
377	3 662	967	1 891	1 281	1 777	858	809
225	1 473	435	490	3 123	854	64	125
100	711	91	125	86	166	2 555	96
473	5 473	1 256	1 252	1 127	1 864	5 374	1 164
603	5 801	1 599	1 462	937	2 101	3 143	1 606
307	1 583	526	525	467	4 330	313	483
382	321	33	73	28	165	122	68
48	1 019	104	60	18	82	4 511	62
2 594	5 221	4 643	2 089	3 490	2 004	27 636	1 307
16 987	124 582	19 784	33 120	43 767	64 599	5 083	31 318
3 356	18 000	3 480	8 752	5 066	10 334	1 034	5 319
2 868	6 652	1 404	1 818	1 173	4 991	258	3 107
6 528	27 631	2 926	8 815	14 035	9 179	272	6 544
234	11 564	643	2 278	381	1 707	100	469
43	157	54	31	96	78	128	20
12 342	33 451	6 136	5 879	7 745	12 141	1 545	9 326
1 555	5 413	1 078	1 604	1 498	1 900	553	1 368
134	1 381	394	271	993	531	183	352
405	2 620	947	664	448	1 470	75	484
4 587	10 524	1 596	1 078	1 651	920	38	2 004
521	16 398	2 649	944	635	1 122	151	1 388
2 426	12 589	2 264	3 042	1 752	3 068	412	2 229
268	1 154	346	854	363	475	332	254
273	255	103	57	79	109	11	70

5－6 续表

城市名称 NAME OF CITY		合　计 TOTAL	#日　本 JAPAN	#韩　国 KOREA	#马来西亚 MALA－YSIA	#菲律宾 PHILIP－PINES	#新加坡 SINGA－PORE
南　昌	NANCHANG	16 689	4 296	345	524	404	1 018
九　江	JIUJIANG	9 955	1 355	69	81	30	283
济　南	JINAN	39 854	13 139	3 020	2 187	362	3 465
青　岛	QINGDAO	175 279	53 909	53 578	2 694	5 951	7 575
烟　台	YANTAI	58 047	11 374	24 393	1 765	1 853	2 420
威　海	WEIHAI	73 063	10 016	52 455	1 509	2 210	1 257
郑　州	ZHENGZHOU	27 714	9 469	1 328	2 936	271	1 494
洛　阳	LUOYANG	65 492	16 698	886	1 736	1 732	872
武　汉	WUHAN	118 505	25 282	1 633	1 345	475	1 779
长　沙	CHANGSHA	72 149	12 106	5 409	1 963	2 140	4 322
广　州	GUANGZHOU	675 570	125 643	14 123	39 157	7 984	25 900
深　圳	SHENZHEN	446 012	109 598	17 586	66 009	5 440	27 198
珠　海	ZHUHAI	82 299	27 040	1 751	3 718	1 218	4 241
汕　头	SHANTOU	43 492	3 997	1 514	3 658	236	7 548
湛　江	ZHANJIANG	2 784	410	152	108	53	182
中　山	ZHONGSHAN	44 736	19 644	1 455	1 518	687	1 901
南　宁	NANNING	20 289	1 574	244	301	24	398
桂　林	GUILIN	298 800	74 611	34 317	3 745	1 769	4 164
北　海	BEIHAI	3 648	642	79	167	32	118
海　口	HAIKOU	23 836	7 502	821	3 620	133	4 469
三　亚	SANYA	34 267	13 848	998	1 648	195	2 419
重　庆	CHONGQING	133 629	36 536	3 085	1 365	269	1 924
成　都	CHENGDU	104 584	22 132	2 228	3 931	561	13 213
贵　阳	GUIYANG	16 739	3 503	213	4 278	149	2 856
昆　明	KUNMING	365 375	99 587	4 994	30 010	6 252	44 445
拉　萨	LHASA	57 567	8 596	625	261	57	622
西　安	XI'AN	455 752	164 138	15 114	2 268	1 604	4 937
兰　州	LANZHOU	24 751	7 205	787	512	94	870
西　宁	XINING	4 352	1 317	52	72	14	161
银　川	YINCHUAN	3 046	1 438	89	89	3	106
乌鲁木齐	URUMQI	96 428	23 324	1 162	1 036	216	1 094

# 泰　国 THAI－LAND	# 美　国 U.S.A.	# 加拿大 CANADA	# 英　国 UNITED KINGDOM	# 法　国 FRANCE	# 德　国 GERMANY	# 俄罗斯 RUSSIA	# 澳大利亚 AUS－TRALIA
287	3 882	707	867	289	265	25	342
83	3 787	58	223	487	2 883	4	240
434	5 541	1 266	929	759	1 396	227	646
908	10 408	1 861	3 025	1 850	3 871	2 709	1 740
276	1 644	569	670	349	961	2 089	976
97	1 050	232	303	150	685	330	300
1 599	3 566	1 187	893	706	793	397	705
680	2 332	2 035	2 271	5 186	6 694	93	1 726
541	37 477	3 933	7 249	6 627	10 019	215	3 189
2 351	13 469	5 804	1 828	1 340	1 762	1 368	2 439
13 520	72 775	17 383	20 290	23 481	28 831	1 756	14 208
7 198	40 047	9 433	13 809	7 272	7 451	827	8 898
1 130	8 824	2 698	2 450	1 685	2 312	2 033	1 622
15 438	3 208	705	582	843	392	68	659
61	565	182	158	76	73	93	83
691	6 090	1 479	1 288	844	797	74	958
820	2 070	436	528	723	461	32	538
4 258	45 087	5 624	12 704	25 101	20 332	188	6 675
38	484	136	97	114	162	3	87
924	1 540	420	259	229	408	34	302
324	1 988	342	375	308	975	322	376
2 341	46 410	3 230	4 626	7 820	10 134	320	2 543
10 121	16 924	2 521	3 929	3 699	4 348	366	2 554
377	1 763	297	416	804	281	30	229
46 376	28 439	5 437	12 872	8 455	8 932	356	5 642
258	16 375	1 028	2 778	2 763	6 128	165	2 094
2 636	73 924	7 945	29 755	27 076	28 693	482	9 618
283	3 170	1 074	1 222	2 392	2 189	312	442
72	526	61	56	345	666	13	85
8	216	70	100	128	149	118	69
560	4 548	749	1 075	1 428	1 715	49 899	839

六、旅游涉外饭店基本情况

6. STATISTICS OF HOTELS

6－1　1999 年全国旅游涉外饭店

BREAKDOWN OF HOTELS BY ECONOMIC

饭店经济类型、规模和星级 ECONOMIC TYPE, CAPACITY & STAR－RATED		饭店数（座）NUMBER OF HOTELS	房间数（间）NUMBER OF ROOMS	床位数（张）NUMBER OF BEDS
一、饭店经济类型	ECONOMIC TYPE			
合　　计	**TOTAL**	**7 035**	**889 430**	**1 769 825**
国有经济	STATE－OWNED	4 512	543 146	1 104 669
集体经济	COLLECTIVE	1 003	85 284	177 468
私营经济	PRIVATE	174	12 910	25 716
联营经济	ALLIANCE	223	57 282	112 566
股份制经济	STOCK	404	50 635	97 909
外商投资经济	FOREIGN－INVESTED	472	90 841	162 223
港澳台投资经济	H.K.,MACAU,TAIWAN INVESTED	247	49 332	89 274
二、饭店规模	CAPACITY			
合　　计	**TOTAL**	**7 035**	**889 430**	**1 769 825**
客房数 500 间以上	ROOMS OVER 500	98	127 651	244 909
客房数 300－499 间	ROOMS BETWEEN 300－499	312	114 943	207 070
客房数 200－299 间	ROOMS BETWEEN 200－299	593	142 785	275 307
客房数 100－199 间	ROOMS BETWEEN 100－199	2 190	298 103	606 883
客房数 99 间以下	ROOMS UNDER 99	3 842	205 948	435 656
三、饭店星级	STAR－RATED HOTEL			
合　计	**TOTAL**	**7 035**	**889 430**	**1 769 825**
星级饭店小计	STAR－RATED HOTEL	3 856	524 894	1 024 866
五星级	5 STAR	77	36 160	60 050
四星级	4 STAR	204	66 689	117 427
三星级	3 STAR	1 292	206 905	400 503
二星级	2 STAR	1 898	187 899	387 848
一星级	1 STAR	385	27 241	59 038
未评星级饭店	NO STAR	3 179	364 536	744 959

基本情况(按经济类型、规模和星级分)

TYPE, CAPACITY, STAR – RATED & FINANCE 1999

客房出租率(%) ROOM OCCU – PANCY (%)	营业收入 (万元) TOTAL REVENUE (0000 RMB ¥)	营业税金 (万元) TAX (0000 RMB ¥)	固定资产 (万元) FIXED ASSETS (0000 RMB ¥)
53.41	**8 457 488.88**	**427 028.26**	**23 694 044.13**
51.45	3 743 793.34	186 630.05	10 456 514.78
50.41	620 184.19	33 217.04	1 864 242.61
52.14	86 928.89	4 778.35	235 006.65
62.42	849 146.70	43 084.52	1 635 181.20
53.39	470 102.07	25 843.48	1 554 162.08
57.46	1 759 579.01	89 465.45	5 755 066.94
58.40	927 754.68	44 009.37	2 193 869.87
53.41	**8 457 488.88**	**427 028.26**	**23 694 044.13**
62.09	1 925 491.55	95 706.48	3 563 570.18
55.14	1 495 635.02	73 983.40	4 507 368.54
53.84	1 402 187.49	68 577.63	4 493 064.15
51.83	2 062 739.91	106 486.19	6 152 547.61
48.94	1 571 434.91	82 274.56	4 977 493.65
53.41	**8 457 488.88**	**427 028.26**	**23 694 044.13**
54.34	5 463 480.81	272 137.72	15 532 353.84
61.41	1 058 518.80	55 013.05	2 738 903.44
58.96	1 240 373.09	60 795.10	3 520 612.33
55.43	2 105 152.61	102 948.68	6 192 559.62
50.76	965 801.55	48 504.37	2 746 186.25
46.14	93 634.76	4 876.52	334 092.20
51.96	2 994 008.07	154 890.54	8 161 690.29

6－2　1999年全国旅游涉外饭店
BREAKDOWN OF HOTELS, ROOMS,

地　区 LOCALITY	饭店数（座）NUMBER OF HOTELS	房间数（间）NUMBER OF ROOMS	床位数（张）NUMBER OF BEDS
总　计　TOTAL	**7 035**	**889 430**	**1 769 825**
北　京　BEIJING	375	68 510	125 791
天　津　TIANJIN	84	10 773	20 303
河　北　HEBEI	171	22 160	46 160
山　西　SHANXI	90	10 580	21 892
内蒙古　INNERMONGOLIA	84	7 498	15 539
辽　宁　LIAONING	279	35 678	69 480
吉　林　JILIN	131	11 978	23 548
黑龙江　HEILONGJIANG	154	14 695	30 878
上　海　SHANGHAI	286	48 940	88 680
江　苏　JIANGSU	402	48 482	92 998
浙　江　ZHEJIANG	405	49 478	94 940
安　徽　ANHUI	203	20 056	42 622
福　建　FUJIAN	224	22 053	42 370
江　西　JIANGXI	95	10 967	23 205
山　东　SHANGDONG	384	40 679	81 378
河　南　HENAN	147	17 630	36 378
湖　北　HUBEI	320	28 280	58 295
湖　南　HUNAN	198	21 297	43 900
广　东　GUANGDONG	1 193	198 701	404 165
广　西　GUANGXI	236	28 317	57 007
海　南　HAINAN	231	26 329	50 887
重　庆　CHONGQING	65	8 869	16 824
四　川　SICHUAN	227	25 265	50 491
贵　州　GUIZHOU	52	8 125	17 209
云　南　YUNNAN	603	54 007	110 335
西　藏　TIBET	45	5 312	10 289
陕　西　SHAANXI	72	14 028	29 279
甘　肃　GANSU	51	6 585	3 813
青　海　QINGHAI	15	2 242	4 387
宁　夏　NINGXIA	37	3 343	6 758
新　疆　XINJIANG	176	18 573	40 024

基本情况(按地区分)
OCCUPANCIES & FINANCE BY LOCALITY 1999

客房出租率 (%) ROOM OCCU-PANCY (%)	营业收入 (万元) TOTAL REVENUE (0000 RMB ¥)	营业税金 (万元) TAX (0000 RMB ¥)	固定资产 (万元) FIXED ASSETS (0000 RMB ¥)
53.41	**8 457 488.88**	**427 028.26**	**23 694 044.13**
55.95	1 231 962.21	61 193.30	4 054 010.85
43.74	109 583.82	5 227.12	301 993.65
46.75	110 979.81	4 977.26	312 926.43
47.22	52 415.92	2 807.27	110 809.49
48.63	35 906.54	1 867.80	134 523.68
53.23	300 041.87	15 919.63	1 302 139.98
48.94	86 629.79	4 339.87	411 026.34
47.80	105 341.07	4 876.27	313 900.64
55.53	716 685.66	37 516.60	2 119 707.47
50.75	514 682.30	22 865.99	1 500 852.19
59.70	611 038.09	29 497.23	1 497 807.45
48.27	123 084.12	6 270.86	381 339.37
49.37	207 510.30	12 095.78	539 034.20
47.07	59 072.13	2 877.15	163 816.32
49.65	350 414.62	17 921.70	1 131 532.77
54.10	71 663.47	3 836.20	82 139.23
43.86	189 707.85	9 379.96	620 026.75
58.69	169 078.85	8 686.14	488 303.28
57.89	2 496 089.00	125 559.59	4 709 928.61
53.60	157 162.31	7 963.73	607 872.67
49.19	125 130.86	7 036.80	719 951.69
49.83	74 930.26	4 082.91	188 144.82
48.51	146 936.57	7 872.48	581 671.81
62.20	38 588.65	2 251.96	110 282.15
53.50	131 738.50	6 779.63	356 948.13
41.05	15 367.98	845.35	71 529.00
56.70	91 475.83	4 576.95	332 399.95
49.10	30 493.17	1 585.84	128 939.27
44.21	8 337.34	378.39	39 113.67
45.56	17 531.62	985.66	50 263.19
48.79	77 908.37	4 952.84	331 109.08

6－3　1999年全国各地区旅游

NUMBER OF HOTELS BY

地　区 LOCALITY	总　计 (座) TOTAL	饭店经济类型　ECONOMIC TYPE 国有经济 STATE－OWNED	集体经济 COLLEC－TIVE	私营经济 PRIVATE	联营经济 ALLIANCE	股份制经济 STOCK
总　计 TOTAL	**7 035**	**4 512**	**1 003**	**174**	**223**	**404**
北　京 BEIJING	375	209	54	2	2	22
天　津 TIANJIN	84	37	14	0	3	0
河　北 HEBEI	171	168	0	0	0	1
山　西 SHANXI	90	67	11	3	0	9
内蒙古 INNERMONGOLIA	84	76	3	0	0	5
辽　宁 LIAONING	279	154	33	5	5	24
吉　林 JILIN	131	99	5	2	0	7
黑龙江 HEILONGJIANG	154	130	9	1	0	3
上　海 SHANGHAI	286	172	51	2	20	16
江　苏 JIANGSU	402	294	49	1	12	15
浙　江 ZHEJIANG	405	189	91	8	12	75
安　徽 ANHUI	203	151	16	0	3	11
福　建 FUJIAN	224	98	51	9	10	8
江　西 JIANGXI	95	82	1	0	3	2
山　东 SHANDONG	384	293	37	1	9	14
河　南 HENAN	147	124	16	0	2	2
湖　北 HUBEI	320	232	37	2	0	30
湖　南 HUNAN	198	94	77	1	4	8
广　东 GUANGDONG	1 193	594	237	64	90	25
广　西 GUANGXI	236	151	22	4	1	25
海　南 HAINAN	231	75	39	21	28	40
重　庆 CHONGQING	65	49	5	1	0	8
四　川 SICHUAN	227	142	31	15	4	23
贵　州 GUIZHOU	52	47	1	0	0	0
云　南 YUNNAN	603	476	70	23	9	18
西　藏 TIBET	45	32	10	2	1	0
陕　西 SHAANXI	72	56	2	1	3	3
甘　肃 GANSU	51	51	0	0	0	0
青　海 QINGHAI	15	15	0	0	0	0
宁　夏 NINGXIA	37	31	1	1	0	1
新　疆 XINJIANG	176	124	30	5	2	9

涉外饭店数(按经济类型和规模分)

ECONOMIC TYPE & CAPACITY 1999

		饭店规模 CAPACITY				
外商投资经济 FOREIGN INVESTED	港澳台投资经济 H.K., MACAU, TAIWAN INVESTED	客房数 500 以上 ROOMS OVER 500	客房数 300 - 499 ROOMS BETWEEN 300 - 499	客房数 200 - 299 ROOMS BETWEEN 200 - 299	客房数 100 - 199 ROOMS BETWEEN 100 - 199	客房数 99 以下 ROOMS UNDER 99
472	**247**	**98**	**312**	**593**	**2 190**	**3 842**
86	0	22	49	47	108	149
29	1	1	5	9	31	38
2	0	3	5	21	66	76
0	0	0	4	6	33	47
0	0	1	1	5	15	62
32	26	5	15	26	86	147
16	2	0	5	5	34	87
10	1	0	3	14	46	91
14	11	15	31	34	95	111
16	15	5	18	32	139	208
15	15	2	12	35	175	181
15	7	0	2	10	79	112
28	20	0	9	19	54	142
5	2	0	2	9	38	46
21	9	2	11	27	126	218
1	2	1	2	17	61	66
11	8	1	4	18	86	211
12	2	0	6	16	58	118
84	99	25	48	88	351	681
23	10	1	15	24	56	140
25	3	2	11	25	65	128
1	1	0	5	12	20	28
5	7	1	8	21	83	114
4	0	2	3	3	18	26
4	3	3	10	35	151	404
0	0	2	2	2	8	31
6	1	3	13	12	23	21
0	0	1	4	4	16	26
0	0	0	2	2	4	7
3	0	0	0	2	13	22
4	2	0	7	13	52	104

6－4 1998—1999 年全国旅游涉外

HOTEL ROOMS & OCCUPANCIES

城市名称 NAME OF CITY		饭店名称 NAME OF HOTEL	饭店数(座) NUMBER OF HOTELS		
			1999 年 1999	1998 年 1998	增减 INCREASE
全国总计	**TOTAL**		**7 035**	**5 782**	**1 253**
北京	BEIJING		375	341	34
#	OF WHICH	王府饭店 PALACE			
		中国大饭店 CHINA			
		贵宾楼饭店 GRAND			
		香格里拉饭店 SHANGRI－LA			
		长富宫饭店 CHANGFUGONG			
		丽都饭店 LIDU			
		长城饭店 GREAT WALL			
		北京饭店 BEIJING			
		京广中心 JING GUANG			
		昆仑饭店 KUNLUN			
		国际饭店 INTERNATIONAL			
		国贸饭店 TRADE			
		建国饭店 JIANGUO			
		京伦饭店 JINGLUN			
		友谊宾馆 FRIENDSHIP			
		西苑饭店 XIYUAN			
		兆龙饭店 ZHAOLONG			
		民族饭店 MINZU			
天津	TIANJIN		84	88	－4
#	OF WHICH	天津宾馆 TIANJIN			
		利顺德大饭店 ASTOR			
		凯悦饭店 HYATT			
		水晶宫饭店 CRYSTAL			
		喜来登大酒店 SHERATON			
石家庄	SHIJIAZHUANG		22	15	7
#	OF WHICH	河北宾馆 HEBEI			
		国际大厦 INTERNATIONAL			
秦皇岛	QINHUANGDAO		43	37	6
#	OF WHICH	金山宾馆 JINSHAN			

饭店基本情况(按城市分)
IN EACH CITY 1998 – 1999

客房数(间) NUMBER OF ROOMS			床位数(张) NUMBER OF BEDS			客房出租率(%) ROOM OCCUPANCY (%)	
1999年 1999	1998年 1998	增减 INCREASE	1999年 1999	1998年 1998	增减 INCREASE	1999年 1999	1998年 1998
889 430	**764 797**	**124 633**	**1 769 825**	**1 524 224**	**245 601**	**53.4**	**51.7**
68 510	64 066	4 444	125 791	118 862	6 929	56.0	54.8
514	530	- 16	1 028	981	47	58.9	67.0
738	738	0	1 365	1 365	0	66.5	69.1
205	206	- 1	385	385	0	52.7	51.2
716	716	0	1 136	1 136	0	67.6	65.2
500	500	0	920	920	0	65.2	53.1
801	883	- 82	1 329	1 134	195	79.5	79.1
850	844	6	1 250	1 582	- 332	67.1	62.5
578	578	0	1 156	156	0	54.5	60.1
444	444	0	678	678	0	70.2	63.6
872	761	111	1 080	1 080	0	54.5	53.2
1 103	1 160	- 57	1 616	1 831	- 215	49.4	39.4
552	554	- 2	927	838	89	71.0	76.5
461	461	0	649	649	0	71.1	70.1
604	656	- 52	1 208	1 100	108	73.5	71.9
1 765	1 790	- 25	3 265	3 581	- 316	53.9	48.0
1 300	1 300	0	1 900	1 900	0	68.1	64.1
261	260	1	390	424	- 34	65.1	68.9
527	580	- 53	800	976	- 176	61.0	64.2
10 773	10 998	- 225	20 303	20 552	- 249	43.7	44.0
644	644	0	1 278	1 278	0	33.6	41.0
206	216	- 10	297	312	- 15	59.2	53.1
428	428	0	448	588	- 140	41.8	53.7
272	272	0	544	544	0	52.3	77.7
300	295	5	378	380	- 2	47.6	65.0
3 640	3 151	489	7 111	6 543	568	47.4	48.2
225	216	9	380	430	- 50	64.7	59.2
204	204	0	408	408	0	57.9	64.2
6 771	5 098	1 673	14 594	10 148	4 446	37.0	29.5
267	212	55	513	414	99	12.9	27.6

6－4 续表 1

城 市 名 称 NAME OF CITY	饭 店 名 称 NAME OF HOTEL	饭店数(座) NUMBER OF HOTELS 1999 年 1999	 1998 年 1998	 增 减 INCREASE
承 德 CHENGDE		18	17	1
# OF WHICH	承德宾馆 CHENGDE			
	云山饭店 YUNSHAN			
太 原 TAIYUAN		26	17	9
# OF WHICH	山西大酒店 SHANXI			
	并州饭店 BINGZHOU			
大 同 DATONG		14	8	6
# OF WHICH	大同宾馆 DATONG			
呼和浩特 HOHHOT		15	16	－1
# OF WHICH	昭君大酒店 ZHAOJUN			
	内蒙古饭店 INNERMONGOLIA			
沈 阳 SHENYANG		63	69	－6
# OF WHICH	凤凰饭店 PHOENIX			
	沈阳玫瑰大酒店 ROSE			
大 连 DALIAN		98	80	18
# OF WHICH	九州假日饭店 HOLIDAYINN			
	南山宾馆 SOUTH HILL			
	棒棰岛宾馆 BANGCHUI ISLAND			
	富丽华大酒店 FURAMA			
长 春 CHANGCHUN		36	35	1
# OF WHICH	长白山宾馆 CHANGBAISHAN			
	长春宾馆 CHANGCHUN			
吉 林 JILIN		21	19	2
# OF WHICH	东关宾馆 DONGGUAN			
延 边 YANBIAN		40	44	－4
# OF WHICH	白山大厦 BAISHAN			
哈 尔 滨 HARBIN		49	48	1
# OF WHICH	华侨饭店 OVERSEAS CHINESE			
	天鹅饭店 SWAN			
上 海 SHANGHAI		286	136	150
# OF WHICH	花园饭店 GARDEN			
	静安希尔顿大酒店 HILTON			
	波特曼丽嘉酒店 PORTMAN RITZ－CARLTON			
	锦沧文化大酒店 MANDARIN			
	新锦江大酒店 JINJIANG TOWER			
	锦江饭店 JINJIANG			
	和平饭店 PEACE			
	虹桥宾馆 HONGQIAO			

客房数(间) NUMBER OF ROOMS			床位数(张) NUMBER OF BEDS			客房出租率(%) ROOM OCCUPANCY (%)	
1999 年 1999	1998 年 1998	增　减 INCREASE	1999 年 1999	1998 年 1998	增　减 INCREASE	1999 年 1999	1998 年 1998
1 900	1 839	61	4 168	3 848	320	46.3	37.0
154	154	0	300	308	- 8	32.8	39.9
218	208	10	430	396	34	39.6	31.2
3 920	2 806	1 114	7 759	5 757	2 002	52.0	53.6
164	164	0	271	272	- 1	57.4	60.9
326	326	0	662	662	0	37.9	46.2
1 486	771	715	2 981	1 615	1 366	35.7	39.9
180	180	0	365	365	0	27.0	36.0
1 466	1 977	- 511	2 976	3 948	- 972	58.6	57.6
262	262	0	524	524	0	58.1	52.9
250	247	3	500	494	6	52.3	60.4
8 945	8 995	- 50	16 295	16 738	- 443	56.9	51.0
220	235	- 15	347	440	- 93	66.1	54.7
148	136	12	294	254	40	71.2	69.3
13 822	11 500	2 322	23 572	20 119	3 453	54.3	50.3
406	406	0	492	606	- 114	50.3	56.0
96	97	- 1	182	194	- 12	49.5	44.8
292	263	29	526	493	33	47.0	34.9
778	778	0	850	850	0	61.2	48.8
4 911	5 088	- 177	9 017	9 277	- 260	59.0	51.1
269	269	0	538	538	0	55.5	48.5
261	258	3	513	507	6	70.0	63.2
1 797	1 600	197	3 585	3 265	320	44.1	44.4
117	109	8	251	235	16	57.1	41.8
2 949	3 408	- 459	5 904	7 010	- 1 106	39.2	34.8
375	263	112	700	522	178	48.2	—
7 298	7 507	- 209	14 268	15 093	- 825	50.0	33.6
160	230	- 70	320	460	- 140	52.3	34.4
230	240	- 10	400	460	- 60	51.5	—
48 940	30 987	17 953	88 680	55 174	33 506	55.5	56.9
500	500	0	800	880	- 80	61.3	65.6
720	720	0	1 400	958	442	60.0	60.8
564	520	44	708	647	61	71.5	69.6
445	513	- 68	900	723	177	73.4	56.4
640	640	0	1 152	1 050	102	55.2	58.6
521	470	51	678	578	100	51.4	64.1
274	284	- 10	415	460	- 45	69.1	63.5
625	625	0	1 100	1 100	0	54.7	56.4

6－4 续表 2

城市名称 NAME OF CITY		饭店名称 NAME OF HOTEL	饭店数(座) NUMBER OF HOTELS 1999年 1999	1998年 1998	增减 INCREASE
		华亭宾馆 HUATING			
		上海宾馆 SHANGHAI			
南京	NANJING		109	92	9
#	OF WHICH	南京饭店 NANJING			
		丁山宾馆 DINGSHAN			
		金陵饭店 JIN LING			
		中心大酒店 CENTRAL			
		玄武饭店 XUAN WU			
无锡	WUXI		58	58	0
#	OF WHICH	湖滨饭店 HUBIN			
		无锡大饭店 WUXI			
苏州	SUZHOU		74	63	11
#	OF WHICH	苏州饭店 SUZHOU			
		南林饭店 NANLIN			
		竹辉饭店 BAMBOO GROVE			
南通	NANTONG		17	18	－1
#	OF WHICH	南通大饭店 NANTONG			
连云港	LIANYUNGANG		27	16	11
#	OF WHICH	神州宾馆 SHENZHOU			
		天然居宾馆 TIANRANJU			
杭州	HANGZHOU		105	102	3
#	OF WHICH	香格里拉饭店 SHANGRI－LA			
		友好饭店 FRIENDSHIP			
		望湖宾馆 WANGHU			
		华侨饭店 HUAQIAO			
		黄龙饭店 HUANGLONG			
宁波	NINGBO		57	55	2
#	OF WHICH	亚洲华园宾馆 ASIA GARDEN			
		宁波饭店 NINGBO			
温州	WENZHOU		34	36	－2
#	OF WHICH	华侨饭店 HUAQIAO			
合肥	HEFEI		20	18	2
#	OF WHICH	安徽饭店 ANHUI			
黄山	HUANGSHAN		40	35	5
#	OF WHICH	西海饭店 XIHAI			
		桃源宾馆 TAOYUAN			
福州	FUZHOU		39	38	1
#	OF WHICH	东湖宾馆 EAST LAKE			

客房数(间) NUMBER OF ROOMS			床位数(张) NUMBER OF BEDS			客房出租率(%) ROOM OCCUPANCY (%)	
1999年 1999	1998年 1998	增　减 INCREASE	1999年 1999	1998年 1998	增　减 INCREASE	1999年 1999	1998年 1998
770	770	0	1 283	1 260	23	59.4	43.9
543	543	0	896	896	0	54.1	45.9
13 888	13 251	637	25 801	25 136	665	51.3	48.8
309	309	0	425	425	0	73.7	56.5
224	119	105	350	215	135	63.6	59.1
600	600	0	965	965	0	50.0	60.7
320	326	- 6	640	650	- 10	62.9	65.0
373	377	- 4	634	696	- 62	59.0	60.7
7 762	7 958	- 196	14 348	14 806	- 458	51.9	50.6
383	358	25	756	699	57	51.5	52.7
371	371	0	507	593	- 86	44.6	45.3
8 706	7 285	1 421	16 482	14 086	2 396	52.6	49.4
306	306	0	600	600	0	48.6	46.3
252	252	0	500	500	0	67.5	52.7
356	365	- 9	610	610	0	55.1	53.2
2 669	2 890	- 221	5 027	5 495	- 468	56.9	59.2
280	280	0	480	480	0	56.8	65.3
1 887	1 201	686	3 889	2 442	1 447	38.8	40.8
99	92	7	171	159	12	35.8	44.0
98	105	- 7	186	197	- 11	47.0	45.7
17 050	16 723	327	32 616	32 234	382	60.5	59.3
389	387	2	778	774	4	55.9	68.1
222	222	0	352	352	0	63.2	61.3
413	406	7	706	706	0	66.4	62.7
205	205	0	410	410	0	68.0	77.3
570	570	0	896	908	- 12	59.1	46.4
6 920	6 545	375	12 773	12 958	- 185	62.5	62.1
170	170	0	297	297	0	57.1	60.5
103	103	0	204	204	0	75.2	73.3
4 381	4 290	91	8 224	8 055	169	66.7	69.1
171	206	- 35	305	371	- 66	74.0	82.1
3 473	3 293	180	6 834	6 288	546	58.1	55.9
311	439	- 128	501	817	- 316	55.6	48.5
4 050	3 438	612	9 075	7 336	1 739	38.14	40.7
126	128	- 2	252	256	- 4	43.1	42.4
142	147	- 5	300	254	46	57.7	45.5
5 562	4 656	906	10 344	8 477	1 867	46.7	52.5
291	291	0	569	569	0	39.4	50.0

6－4 续表 3

城市名称 NAME OF CITY	饭店名称 NAME OF HOTEL	饭店数(座) NUMBER OF HOTELS 1999年 1999	 1998年 1998	 增减 INCREASE
	温泉大酒店 WENQUAN 闽江饭店 MINJIANG 外贸中心酒店 FOREIGN TRADE			
厦门 XIAMEN		79	79	0
# OF WHICH	海景皇冠假日大酒店 HARBOURVIEW 华侨大厦 HUAQIAO 鹭江宾馆 LUJIANG 悦华酒店 MANDARIN			
泉州 QUANZHOU		37	21	16
# OF WHICH	华侨大厦 HUAQIAO			
漳州 ZHANGZHOU		13	9	4
# OF WHICH	漳州宾馆 ZHANGZHOU			
南昌 NANCHANG		28	26	2
# OF WHICH	江西宾馆 JIANGXI			
九江 JIUJIANG		16	12	4
# OF WHICH	南湖宾馆 SOUTH LAKE			
济南 JINAN		43	42	1
# OF WHICH	齐鲁宾馆 QILU			
青岛 QINGDAO		85	63	22
# OF WHICH	汇泉王朝大酒店 HUIQUAN 海天大酒店 HAITIAN			
烟台 YANTAI		87	73	14
# OF WHICH	芝罘宾馆 ZHIFU			
威海 WEIHAI		43	47	－4
# OF WHICH	威海卫大厦 WEIHAIWEI			
郑州 ZHENGZHOU		51	46	5
# OF WHICH	国际饭店 INTERNATIONAL 中州宾馆 ZHONGZHOU			
洛阳 LUOYANG		24	17	7
# OF WHICH	友谊宾馆 FRIENDSHIP			
武汉 WUHAN		75	72	3
# OF WHICH	长江大酒店 CHANGJIANG 蓝天宾馆 LIANTIAN			
长沙 CHANGSHA		37	37	0
# OF WHICH	华天大酒店 HUATIAN 芙蓉宾馆 FURONG 湘江宾馆 XIANGJIANG			
广州 GUANGZHOU		315	293	22

客房数(间) NUMBER OF ROOMS			床位数(张) NUMBER OF BEDS			客房出租率(%) ROOM OCCUPANCY (%)	
1999 年 1999	1998 年 1998	增 减 INCREASE	1999 年 1999	1998 年 1998	增 减 INCREASE	1999 年 1999	1998 年 1998
303	304	- 1	551	551	0	44.0	49.8
399	399	0	708	698	10	35.0	44.7
397	397	0	483	483	0	42.0	50.7
8 751	8 646	105	16 649	16 719	- 70	47.0	47.0
325	338	- 13	560	565	- 5	74.1	77.2
250	294	- 44	444	537	- 93	60.6	50.4
153	153	0	275	275	0	66.8	61.4
255	182	73	453	303	150	64.6	59.9
2 681	950	1 731	5 171	1 770	3 401	62.7	35.4
235	235	0	457	457	0	—	—
1 106	443	663	2 355	864	1 491	53.5	55.9
295	295	0	457	457	0	58.9	58.3
4 787	4 724	63	9 796	9 616	180	53.1	54.1
229	231	- 2	406	408	- 2	58.2	46.8
1 422	1 371	51	2 962	2 929	33	37.7	22.5
133	133	0	265	265	0	20.4	—
5 858	5 946	- 88	11 412	11 508	- 96	49.0	47.3
229	229	0	444	458	- 14	52.8	50.5
10 534	8 559	1 975	20 200	16 177	4 023	50.8	47.3
416	406	10	832	563	269	49.9	40.1
598	606	- 8	1 200	1 200	0	57.5	52.9
7 552	7 575	- 23	15 554	15 303	251	54.2	49.3
110	110	0	223	223	0	54.7	59.1
3 748	4 126	- 378	6 619	8 532	- 1 913	43.7	36.4
195	194	1	368	368	0	60.3	61.4
6 137	2 289	3 848	12 351	4 576	7 775	52.2	50.7
455	250	205	884	466	418	37.9	46.0
200	260	- 60	350	520	- 170	64.7	68.4
2 419	1 715	704	5 016	3 349	1 667	60.0	43.8
157	125	32	294	252	42	62.0	54.6
9 478	9 197	281	17 302	17 645	- 343	46.3	46.6
78	184	- 106	116	294	- 178	47.0	47.0
290	290	0	556	556	0	50.0	74.5
5 587	6 772	- 1 185	10 275	13 097	- 2 822	57.8	59.0
289	286	3	433	433	0	55.6	59.6
249	249	0	401	401	0	40.0	49.3
280	300	- 20	560	600	- 40	69.4	73.3
111 778	119 689	- 7 911	226 551	248 661	- 22 110	62.1	61.0

6－4 续表 4

城市名称 NAME OF CITY		饭店名称 NAME OF HOTEL	饭店数(座) NUMBER OF HOTELS 1999年 1999	1998年 1998	增减 INCREASE
#	OF WHICH	白天鹅宾馆 WHITE SWAN			
		中国大酒店 CHINA			
		花园酒店 GARDEN			
		东方宾馆 DONGFANG			
		白云宾馆 BAIYUN			
		华侨酒店 HUAQIAO			
		广州宾馆 GUANGZHOU			
		远洋宾馆 YUANYANG			
		流花宾馆 LIUHUA			
		南湖宾馆 SOUTH LAKE			
		国际大酒店 INTERNATIONAL			
深圳	SHENZHEN		254	237	17
#	OF WHICH	香格里拉大酒店 SHANGRI－LA			
		新都酒店 CENTURY PLAZA			
		晶都酒店 ORIENTAL REGENT			
		西丽湖度假村 XILILAKE			
		香蜜湖度假村 HONEY LAKE			
		深圳湾大酒店 SHENZHEN BAY			
		银湖旅游中心 SILVER LAKE			
		石岩湖度假村 SHIYAN LAKE			
		金碧酒店 GOLDEN LUSTRE			
珠海	ZHUHAI		49	45	4
#	OF WHICH	珠海宾馆 ZHUHAI			
		石景山旅游中心 SHIJINGSHAN			
		拱北宾馆 GONGBEI			
		珠海度假村 ZHUHAI			
汕头	SHANTOU		39	36	3
#	OF WHICH	国际大酒店 INTERNATIONAL			
		龙湖宾馆 LONGHU			
湛江	ZHANJIANG		24	23	1
#	OF WHICH	广州湾华侨酒店 CANTON BAY			
		环球大酒店 UNIVERSAL			
中山	ZHONGSHAN		52	41	11
#	OF WHICH	富华酒店 FUHUA			
		国际酒店 INTERNATIONAL			
		中山温泉 HOT SPRING			
南宁	NANNING		21	20	1
#	OF WHICH	邕江饭店 YONGJIANG			

客房数(间) NUMBER OF ROOMS			床位数(张) NUMBER OF BEDS			客房出租率(%) ROOM OCCUPANCY (%)	
1999 年 1999	1998 年 1998	增 减 INCREASE	1999 年 1999	1998 年 1998	增 减 INCREASE	1999 年 1999	1998 年 1998
843	843	0	1 600	1 600	0	69.7	68.7
1 013	888	125	2 026	1 710	316	67.5	58.8
997	921	76	1 350	1 453	- 103	66.9	66.7
1 040	1 083	- 43	2 080	2 080	0	61.7	56.4
795	714	81	1 556	1 556	0	65.0	62.8
380	392	- 12	760	760	0	69.2	70.0
263	263	0	526	560	- 34	66.4	68.0
197	249	- 52	513	430	83	78.0	80.2
520	554	- 34	1 040	1 108	- 68	78.2	63.9
68	156	- 88	138	320	- 182	30.1	39.1
704	704	0	1 194	1 194	0	58.1	54.4
26 861	24 936	1 925	54 138	46 937	7 201	58.5	55.4
522	522	0	1 022	815	207	81.0	72.1
428	428	0	840	764	76	63.0	56.0
364	373	- 9	596	677	- 81	67.7	58.7
276	276	0	546	546	0	33.6	28.5
218	218	0	410	438	- 28	44.6	37.2
308	308	0	648	648	0	67.3	62.6
196	197	- 1	398	400	- 2	61.4	68.3
300	280	20	600	600	0	68.0	29.8
311	311	0	588	588	0	68.7	65.6
7 239	5 889	1 350	14 983	11 807	3 176	57.1	58.0
318	318	0	636	636	0	43.1	53.3
163	163	0	263	263	0	65.3	69.6
210	210	0	523	523	0	33.0	43.4
464	474	- 10	1 184	1 104	80	61.6	59.0
4 421	4 459	- 38	8 708	8 717	- 9	46.5	46.7
347	347	0	615	615	0	61.0	51.2
248	248	0	476	476	0	54.0	59.7
2 968	2 712	256	5 677	5 148	529	45.5	45.5
236	239	- 3	462	468	- 6	43.3	47.8
170	170	0	290	290	0	61.7	54.2
4 686	3 924	762	8 745	7 536	1 209	50.0	49.8
372	372	0	545	701	- 156	56.0	59.1
369	369	0	670	670	0	71.0	56.7
311	260	51	622	520	102	45.0	51.9
5 041	4 777	264	9 333	9 236	97	53.9	54.4
359	376	- 17	689	694	- 5	59.0	61.6

6－4 续表 5

城市名称 NAME OF CITY			饭店名称 NAME OF HOTEL	饭店数(座) NUMBER OF HOTELS 1999年 1999	1998年 1998	增减 INCREASE
			西园饭店 XIYUAN			
桂	林	GUILIN		32	28	4
	#	OF WHICH	桂林宾馆 GUILIN			
			新城市酒店 NEW CITY			
			桂山大酒店 GUISHAN			
			帝苑酒店 ROYAL GARDEN			
			漓江饭店 LIJIANG			
北	海	BEIHAI		22	20	2
	#	OF WHICH	富丽华大酒店 FURAMA			
			北海迎宾馆 BEIHAI			
海	口	HAIKOU		70	90	－20
	#	OF WHICH	海口宾馆 HAIKOU			
			南天大酒店 NANTIAN			
			华侨大厦 HUAQIAO			
			泰华酒店 TAIHUA			
三	亚	SANYA		58	78	－20
	#	OF WHICH	国际大酒店 INTERNATIONAL			
			金陵度假村 JINLING			
			三亚宾馆 SANYA			
重	庆	CHONGQING		65	52	13
	#	OF WHICH	扬子江假日饭店 HOLIDAY INN YANGZE			
			人民宾馆 RENMIN			
			重庆饭店 CHONGQING			
成	都	CHENGDU		80	78	2
	#	OF WHICH	成都饭店 CHENGDU			
			锦江宾馆 JINJIANG			
			岷山饭店 MINSHAN			
贵	阳	GUIYANG		23	22	1
	#	OF WHICH	花溪宾馆 HUAXI			
			贵州饭店 GUIZHOU			
昆	明	KUNMING		276	33	243
	#	OF WHICH	金龙饭店 GOLDEN DRAGON			
			昆明饭店 KUNMING			
			翠湖宾馆 GREEN LAKE			
拉	萨	LHASA		26	17	9
	#	OF WHICH	拉萨饭店 LHASA			

客房数(间) NUMBER OF ROOMS			床位数(张) NUMBER OF BEDS			客房出租率(%) ROOM OCCUPANCY (%)	
1999 年 1999	1998 年 1998	增 减 INCREASE	1999 年 1999	1998 年 1998	增 减 INCREASE	1999 年 1999	1998 年 1998
433	318	115	791	684	107	51.1	46.7
6 506	6 245	261	12 957	12 132	825	64.1	56.5
242	242	0	484	484	0	74.9	64.0
288	290	- 2	576	580	- 4	70.0	73.8
607	670	- 63	1 214	1 140	74	59.5	40.6
335	335	0	650	650	0	73.4	60.5
379	378	1	758	756	2	67.5	67.0
2 953	2 815	138	5 844	5 587	257	42.2	40.1
318	318	0	606	620	- 14	38.6	33.0
170	152	18	329	293	36	26.7	31.6
8 913	5 939	2 974	16 695	10 833	5 862	53.7	50.4
200	200	0	380	394	- 14	65.0	63.1
182	182	0	359	359	0	60.0	65.0
340	312	28	630	576	54	35.0	40.4
240	240	0	430	430	0	69.0	71.2
8 274	7 570	704	16 146	14 514	1 632	45.8	40.9
203	203	0	402	406	- 4	59.0	43.0
138	138	0	265	265	0	50.0	61.9
64	99	- 35	135	208	- 73	31.0	22.0
8 869	7 880	989	16 824	15 936	888	49.8	46.4
379	379	0	726	726	0	62.9	58.3
227	227	0	426	426	0	49.5	46.5
200	200	0	366	369	- 3	42.3	28.2
13 010	13 238	- 228	25 198	25 487	- 289	50.9	45.9
196	199	- 3	373	369	4	53.3	35.6
508	523	- 15	886	960	- 74	61.6	53.0
336	336	0	564	564	0	53.5	46.0
3 037	3 265	- 228	5 954	6 614	- 660	63.3	63.2
60	60	0	190	190	0	29.6	29.6
400	400	0	786	786	0	58.6	56.0
32 422	5 877	26 545	63 629	11 433	52 196	60.0	56.2
290	290	0	572	525	47	67.7	61.6
316	322	- 6	493	614	- 121	79.1	71.5
294	450	- 156	704	710	- 6	31.3	26.4
3 715	2 226	1 489	7 354	4 738	2 616	42.4	43.0
890	468	422	1 564	919	645	26.8	26.8

6－4 续表 6

城市名称 NAME OF CITY		饭店名称 NAME OF HOTEL	饭店数(座) NUMBER OF HOTELS		
			1999 年 1999	1998 年 1998	增减 INCREASE
西安	XI'AN		31	37	－6
#	OF WHICH	人民大厦 RENMIN			
		唐城宾馆 TANGCHENG			
		金花饭店 GOLDEN FLOWER			
		西安宾馆 XI'AN			
		建国饭店 JIANGUO			
兰州	LANZHOU		18	15	3
#	OF WHICH	华谊宾馆 HUAYI			
		金城宾馆 JINCHENG			
		胜利宾馆 SHENGLI			
敦煌	DUNHUANG		13	11	2
#	OF WHICH	敦煌宾馆 DUNHUANG			
西宁	XINING		10	9	1
#	OF WHICH	西宁宾馆 XINING			
银川	YINCHUAN		26	18	8
#	OF WHICH	宁夏宾馆 NINGXIA			
乌鲁木齐	URUMQI		56	53	3
#	OF WHICH	友谊宾馆 FRIENDSHIP			
		昆仑宾馆 KUNLUN			

客房数(间) NUMBER OF ROOMS			床位数(张) NUMBER OF BEDS			客房出租率(%) ROOM OCCUPANCY (%)	
1999年 1999	1998年 1998	增 减 INCREASE	1999年 1999	1998年 1998	增 减 INCREASE	1999年 1999	1998年 1998
8 606	8 029	577	16 782	15 136	1 646	60.1	60.4
570	570	0	1 140	1 140	0	45.2	55.5
377	372	5	754	744	10	65.1	60.8
450	515	- 65	980	1 030	- 50	68.4	68.4
520	520	0	1 040	1 040	0	43.8	51.4
664	780	- 116	1 197	1 197	0	58.1	58.0
3 387	3 713	- 326	6 929	7 708	- 779	54.1	63.5
655	677	- 22	1 300	1 379	- 79	53.1	76.0
311	311	0	622	622	0	38.9	34.7
452	452	0	1 102	1 102	0	71.9	68.1
1 140	1 032	108	2 360	2 142	218	34.7	33.9
194	203	- 9	408	426	- 18	47.3	45.4
1 736	1 409	327	3 222	2 851	371	46.0	44.7
314	313	1	628	626	2	42.7	35.8
2 323	2 004	319	4 541	4 146	395	48.1	45.9
132	93	39	272	163	109	42.7	26.1
8 634	7 635	999	16 628	15 105	1 523	51.8	47.0
101	134	- 33	202	268	- 66	16.0	17.8
429	429	0	846	846	0	34.0	32.8

6－5 1999年主要城市旅游涉外饭店基本经济指标
MAJOR STATISTICS OF HOTELS IN EACH CITY 1999

单 位:万 元
UNIT:0000 RMB ¥

城 市 NAME OF CITY	营业收入 TOTAL REVENUE	# 客房收入 ROOM REVENUE	# 餐饮收入 FOOD & BEVERAGE
北 京 BEIJING	1 231 962	451 669	280 080
天 津 TIANJIN	109 584	43 554	26 438
石家庄 SHIJIAZHUANG	38 025	9 084	15 613
秦皇岛 QINHUANGDAO	15 513	7 224	6 946
承 德 CHENGDE	5 630	3 311	1 588
太 原 TAIYUAN	21 655	11 993	7 294
大 同 DATONG	9 141	3 324	4 202
呼和浩特 HOHHOT	8 956	4 471	3 521
沈 阳 SHENYANG	91 940	50 025	30 497
大 连 DALIAN	139 789	65 765	49 837
长 春 CHANGCHUN	53 940	26 930	20 769
吉 林 JILIN	10 999	5 034	4 910
延 边 YANBIAN	11 582	5 579	4 491
哈尔滨 HARBIN	80 774	74 976	4 306
上 海 SHANGHAI	716 686	342 476	251 846
南 京 NANJING	198 474	57 316	63 482
无 锡 WUXI	78 907	29 268	40 178
苏 州 SUZHOU	94 145	38 476	44 260
南 通 NANTONG	24 675	12 198	10 905
连云港 LIANYUNGANG	8 505	3 723	3 779
杭 州 HANGZHOU	253 994	86 266	68 904
宁 波 NINGBO	87 908	36 312	38 114
温 州 WENZHOU	56 583	27 943	24 216
合 肥 HEIFEI	35 220	15 667	12 926
黄 山 HUANGSHAN	20 729	12 313	6 596
福 州 FUZHOU	50 510	23 779	17 738
厦 门 XIAMEN	90 007	40 948	32 046
泉 州 QUANZHOU	35 509	12 296	16 285
漳 州 ZHANGZHOU	11 205	5 491	4 060

6－5 续表

城　　市 NAME OF CITY	营业收入 TOTAL REVENUE	# 客房收入 ROOM REVENUE	# 餐饮收入 FOOD & BEVERAGE
南　昌 NANCHANG	33 884	16 457	12 948
九　江 JIUJIANG	5 446	2 757	1 417
济　南 JINAN	53 544	23 905	22 314
青　岛 QINGDAO	105 106	49 388	43 325
烟　台 YANTAI	54 302	22 712	26 078
威　海 WEIHAI	31 925	11 189	16 011
郑　州 ZHENGZHOU	50 773	26 174	17 502
洛　阳 LUOYANG	17 671	7 986	8 107
武　汉 WUHAN	92 837	40 862	38 864
长　沙 CHANGSHA	72 787	29 539	29 188
广　州 GUANGZHOU	1 483 948	672 508	483 726
深　圳 SHENZHEN	387 466	157 402	155 499
珠　海 ZHUHAI	95 890	47 229	36 682
汕　头 SHANTOU	32 839	15 777	11 224
湛　江 ZHANJIANG	17 506	7 392	8 156
中　山 ZHONGSHAN	49 992	17 830	23 718
南　宁 NANNING	45 529	18 189	20 992
桂　林 GUILIN	42 559	23 613	15 022
北　海 BEIHAI	14 062	6 942	5 496
海　口 HAIKOU	58 080	33 539	14 834
三　亚 SANYA	37 963	24 205	11 154
重　庆 CHONGQING	74 930	34 666	29 420
成　都 CHENGDU	86 910	49 022	25 760
贵　阳 GUIYANG	23 190	12 390	6 715
昆　明 KUNMING	68 273	34 939	21 431
拉　萨 LHASA	10 848	6 580	2 872
西　安 XI'AN	77 182	43 091	24 021
兰　州 LANZHOU	18 188	8 337	6 470
西　宁 XINING	7 484	4 298	2 266
银　川 YINCHUAN	14 605	5 923	6 694
乌鲁木齐 URUMQI	56 936	25 670	21 657

6－6　1999 年* 全国国有经济饭店

MAJOR STATISTICS IN STATE－

地方/项目 LOCALITY/ITEM		全员劳动生产率（万元/人） OLP（0000 RMB ¥/PER）	人均占用固定资产原值（万元/人） AF（0000 RMB ¥/PER）	平均客房出租率（%） OCCUPANCY（%）	百元固定资产创营业收入（元） REVENUE/100F.A（RMB ¥）
总　计	**TOTAL**	**5.50**	**15.35**	**51.45**	**35.80**
北　京	BEIJING	6.64	25.17	51.25	26.37
天　津	TIANJIN	3.65	10.50	44.47	34.77
河　北	HEBEI	4.35	12.68	46.72	34.30
山　西	SHANXI	2.66	6.04	47.85	43.98
内蒙古	INNERMONGOLIA	3.02	11.56	48.80	26.16
辽　宁	LIAONING	4.06	15.39	50.18	26.37
吉　林	JILIN	4.20	18.06	47.26	23.28
黑龙江	HEILONGJIANG	4.84	13.81	45.59	35.08
上　海	SHANGHAI	8.75	25.93	55.81	33.75
江　苏	JIANGSU	6.60	15.94	50.19	41.38
浙　江	ZHEJIANG	6.08	14.77	56.57	41.18
安　徽	ANHUI	4.02	10.44	47.16	38.52
福　建	FUJIAN	4.40	9.84	48.03	44.77
江　西	JIANGXI	4.97	12.44	45.22	39.95
山　东	SHANDONG	5.18	15.38	49.59	33.66
河　南	HENAN	2.60	3.04	54.18	85.59
湖　北	HUBEI	3.74	12.55	45.48	29.79
湖　南	HUNAN	3.90	11.73	57.42	33.23
广　东	GUANGDONG	8.59	15.23	56.44	56.39
广　西	GUANGXI	3.23	12.79	50.98	25.28
海　南	HAINAN	3.27	21.37	48.08	15.28
重　庆	CHONGQING	4.65	13.41	49.15	34.68
四　川	SICHUAN	3.91	14.93	46.71	26.15
贵　州	GUIZHOU	3.40	11.16	61.97	30.49
云　南	YUNNAN	5.04	15.00	52.68	33.58
西　藏	TIBET	4.29	20.07	41.47	21.36
陕　西	SHAANXI	4.47	15.83	54.00	28.21
甘　肃	GANSU	3.70	15.65	49.10	23.65
青　海	QINGHAI	3.06	14.35	44.21	21.32
宁　夏	NINGXIA	3.51	10.02	44.09	35.05
新　疆	XINJIANG	3.73	15.69	49.19	23.77

注：　* 本表是全国 4512 家国有经济饭店汇总资料。

NOTES：* THE TABLE INCLUDE ALL THE 4512 STATE－OWNED HOTELS.

OLP：OVERALL LABOUR PRODUCTIVITY

主要经济效益指标

OWNED HOTELS 1999

营业收入总额（万元）TOTAL REVENUE（0000RMB ¥）	营业收入构成(%) BREAKDOWN OF TOTAL REVENUE			
	客　房 ROOM	餐　饮 FOOD & BEVERAGE	商　品 SHOPPING	其　他 OTHERS
3 743 793.34	**45.95**	**36.35**	**5.79**	**11.90**
383 794.68	45.95	25.70	2.77	25.58
25 639.15	52.52	29.06	6.76	11.66
105 276.16	38.12	45.50	2.55	13.82
37 891.29	53.79	35.98	3.63	6.60
34 719.65	47.72	39.46	6.88	5.94
106 890.54	51.35	36.30	1.92	10.43
49 500.00	51.84	38.17	2.88	7.11
78 932.73	85.41	11.91	0.61	2.07
329 464.70	48.36	35.19	4.20	12.25
366 572.74	33.38	40.54	13.77	12.30
201 625.11	42.87	40.36	8.24	8.54
80 724.79	47.71	38.57	8.99	4.73
62 712.09	50.32	36.51	1.56	11.60
39 052.44	48.19	37.45	5.53	8.82
235 619.96	39.82	47.15	5.14	7.88
62 799.30	50.65	36.27	2.42	10.66
112 310.34	44.86	43.46	2.95	8.73
55 261.07	46.17	38.51	3.74	11.57
883 771.04	45.46	36.01	7.64	10.88
73 823.29	44.41	45.57	1.79	8.23
31 179.89	63.35	26.01	1.00	9.64
49 624.81	45.41	39.14	1.81	13.65
80 156.97	51.55	34.54	2.40	11.52
27 713.05	46.45	31.14	6.63	15.78
69 969.80	50.39	33.13	6.37	10.10
13 591.81	61.63	26.99	1.24	10.13
44 382.76	54.21	31.86	3.93	10.00
30 493.17	46.75	36.45	6.04	10.76
8 337.34	58.04	30.12	6.40	5.44
13 709.93	40.94	47.92	1.61	9.54
48 252.74	48.58	35.46	1.89	14.07

AF: AVERAGE FIXED ASSETS
100F.A: 100 RMB ¥ FIXED ASSETS

6－7　1999 年全国* 星

MAJOR STATISTICS IN

地方/项目 LOCALITY/ITEM		全员劳动生产率（万元/人）OLP (0000 RMB ¥/PER)	人均占用固定资产原值（万元/人）AF (0000 RMB ¥/PER)	平均客房出租率（%）OCCUPANCY (%)	百元固定资产创营业收入（元）REVENUE/100F.A (RMB ¥)
总　计	**TOTAL**	**6.74**	**19.17**	**54.34**	**35.17**
北　京	BEIJING	10.33	27.20	56.44	37.99
天　津	TIANJIN	6.40	15.03	42.32	42.56
河　北	HEBEI	4.40	13.37	46.44	32.91
山　西	SHANXI	2.95	7.25	50.47	40.67
内蒙古	INNERMONGOLIA	3.14	13.67	52.10	22.94
辽　宁	LIAONING	5.95	27.35	53.80	21.74
吉　林	JILIN	4.72	21.18	50.48	22.26
黑龙江	HEILONGJIANG	3.84	15.37	48.72	25.01
上　海	SHANGHAI	12.54	33.08	58.52	37.90
江　苏	JIANGSU	7.02	17.97	52.97	39.09
浙　江	ZHEJIANG	8.01	19.08	62.28	41.98
安　徽	ANHUI	4.56	12.83	49.50	35.55
福　建	FUJIAN	5.13	12.22	51.95	42.01
江　西	JIANGXI	5.29	14.64	49.14	36.15
山　东	SHANDONG	5.72	18.42	51.24	31.03
河　南	HENAN	1.78	2.19	54.36	81.11
湖　北	HUBEI	4.55	12.64	46.63	36.02
湖　南	HUNAN	4.02	12.35	59.79	32.53
广　东	GUANGDONG	8.36	20.44	57.46	40.93
广　西	GUANGXI	4.76	19.67	55.97	24.19
海　南	HAINAN	5.79	27.45	55.57	21.08
重　庆	CHONGQING	5.23	12.74	50.04	41.09
四　川	SICHUAN	4.70	17.17	49.29	27.39
贵　州	GUIZHOU	4.16	12.94	61.74	32.16
云　南	YUNNAN	6.19	18.62	55.80	33.24
西　藏	TIBET	5.20	24.91	32.80	20.87
陕　西	SHAANXI	6.14	22.14	57.27	27.71
甘　肃	GANSU	3.70	15.65	49.10	23.65
青　海	QINGHAI	3.10	15.93	47.06	19.43
宁　夏	NINGXIA	2.32	12.64	39.30	18.39
新　疆	XINJIANG	4.54	17.85	48.83	25.47

注：　* 本表是全国 3856 家星级饭店汇总资料。

NOTES: * THE TABLE INCLUDE ALL THE 3856 STAR－RATED HOTELS.

OLP: OVERALL LABOUR PRODUCTIVITY

级饭店主要经济效益指标

STAR – RATED HOTELS 1999

营业收入总额 (万元) TOTAL REVENUE (0000RMB ¥)	营业收入构成(%) BREAKDOWN OF TOTAL REVENUE			
	客　房 ROOM	餐　饮 FOOD & BEVERAGE	商　品 SHOPPING	其　他 OTHER
5 463 480.81	**43.43**	**35.49**	**7.09**	**13.99**
998 048.98	42.07	26.09	10.79	21.05
81 306.70	44.08	26.05	14.87	15.00
89 893.01	39.16	45.18	2.88	12.78
39 245.83	52.06	37.02	3.82	7.09
29 110.03	49.64	37.78	7.18	5.39
193 240.69	51.09	34.12	3.63	11.17
67 134.20	50.40	38.73	1.85	9.02
62 655.07	78.77	16.64	0.73	3.86
522 066.89	50.30	33.35	4.00	12.34
371 626.71	33.42	40.22	14.13	12.23
421 814.21	35.58	35.94	20.21	8.27
75 975.72	47.31	37.77	9.32	5.60
155 330.28	45.22	38.15	4.49	12.13
42 746.15	49.07	35.72	4.89	10.32
206 692.97	39.90	45.57	6.09	8.44
47 267.42	50.57	39.95	2.10	7.38
124 931.90	44.38	43.42	3.70	8.50
141 551.29	42.92	40.82	1.71	14.55
1 126 631.27	38.56	40.66	3.17	17.61
111 451.64	47.93	41.21	2.10	8.76
68 152.90	60.93	25.33	1.10	12.64
46 575.66	45.65	37.25	2.38	14.72
108 734.56	51.72	32.54	2.24	13.50
31 627.72	51.22	30.04	5.68	13.06
97 408.00	52.52	31.33	7.07	9.09
10 250.29	61.20	32.51	0.81	5.48
89 284.80	54.17	33.30	3.14	9.39
30 493.17	46.75	36.45	6.04	10.76
7 204.94	61.52	26.91	7.22	4.35
3 077.44	50.03	37.35	2.74	9.88
61 950.37	47.14	39.21	1.47	12.18

AF: AVERAGE FIXED ASSETS
100F.A: 100 RMB FIXED ASSETS

6－8 1999年全国各地区星级饭店数

NUMBER OF STAR－RATED HOTELS 1999

地 区 LOCALITY		星级饭店合 计（座）TOTAL	五星级 FIVE－STAR	四星级 FOUR－STAR	三星级 THREE－STAR	二星级 TWO－STAR	一星级 ONE－STAR
总 计	**TOTAL**	**3 856**	**77**	**204**	**1 292**	**1 898**	**385**
北 京	BEIJING	277	17	32	71	120	37
天 津	TIANJIN	53	1	5	27	17	3
河 北	HEBEI	141	0	4	57	71	9
山 西	SHANXI	67	0	2	25	39	1
内蒙古	INNERMONGOLIA	55	0	0	16	31	8
辽 宁	LIAONING	169	2	8	61	72	26
吉 林	JILIN	94	2	2	33	47	10
黑龙江	HEILONGJIANG	122	1	0	30	51	40
上 海	SHANGHAI	138	10	17	53	48	10
江 苏	JIANGSU	247	2	20	95	120	10
浙 江	ZHEJIANG	252	0	12	94	131	15
安 徽	ANHUI	98	0	1	35	53	9
福 建	FUJIAN	148	4	3	56	79	6
江 西	JIANGXI	69	0	2	25	35	7
山 东	SHANDONG	166	3	10	75	61	17
河 南	HENAN	126	0	2	44	78	2
湖 北	HUBEI	163	1	7	60	77	18
湖 南	HUNAN	161	3	3	45	87	23
广 东	GUANGDONG	455	15	39	172	205	24
广 西	GUANGXI	90	4	4	33	45	4
海 南	HAINAN	59	3	11	30	12	3
重 庆	CHONGQING	42	0	2	15	22	3
四 川	SICHUAN	126	2	2	34	76	12
贵 州	GUIZHOU	43	0	2	6	22	13
云 南	YUNNAN	259	1	5	35	170	48
西 藏	TIBET	19	0	0	7	7	5
陕 西	SHAANXI	66	4	5	26	28	3
甘 肃	GANSU	51	0	1	16	29	5
青 海	QINGHAI	10	0	0	2	4	4
宁 夏	NINGXIA	8	0	0	1	7	0
新 疆	XINJIANG	82	2	3	13	54	10

七、旅行社基本情况

7. STATISTICS OF TRAVEL AGENCIES

7－1 1998—1999 年全国旅行社单位数

NUMBER OF TRAVEL AGENCIES 1998－1999

地区 LOCALITY		旅行社总数(家) TOTAL TRAVEL AGENCIES		国际旅行社 INTERNATIONAL TRAVEL AGENCIES		国内旅行社 DOMESTIC TRAVEL AGENCIES	
		1999 年 1999	1998 年 1998	1999 年 1999	1998 年 1998	1999 年 1999	1998 年 1998
总　计	**TOTAL**	**7 326**	**6 222**	**1 256**	**1 312**	**6 070**	**4 910**
北　京	BEIJING	430	380	152	138	278	242
天　津	TIANJIN	183	154	19	18	164	136
河　北	HEBEI	316	216	31	29	285	187
山　西	SHANXI	155	99	16	22	139	77
内蒙古	INNERMONGOLIA	67	43	25	21	42	22
辽　宁	LIAONING	370	227	49	52	321	175
吉　林	JILIN	79	77	34	41	45	36
黑龙江	HEILONGJIANG	240	196	51	49	189	147
上　海	SHANGHAI	395	371	39	39	356	332
江　苏	JIANGSU	449	420	67	106	382	314
浙　江	ZHEJIANG	510	393	46	46	464	347
安　徽	ANHUI	201	186	36	39	165	147
福　建	FUJIAN	280	258	37	40	243	218
江　西	JIANGXI	182	161	18	19	164	142
山　东	SHANDONG	299	211	50	44	249	167
河　南	HENAN	304	208	27	26	277	182
湖　北	HUBEI	231	238	28	26	203	212
湖　南	HUNAN	219	194	28	27	191	167
广　东	GUANGDONG	466	474	179	205	287	269
广　西	GUANGXI	256	268	50	56	206	212
海　南	HAINAN	184	201	39	38	145	163
重　庆	CHONGQING	215	187	20	20	195	167
四　川	SICHUAN	329	273	38	35	291	238
贵　州	GUIZHOU	90	83	12	12	78	71
云　南	YUNNAN	406	338	39	39	367	299
西　藏	TIBET	42	40	21	21	21	19
陕　西	SHAANXI	198	131	31	22	167	109
甘　肃	GANSU	98	76	20	29	78	47
青　海	QINGHAI	25	21	8	9	17	12
宁　夏	NINGXIA	23	15	8	8	15	7
新　疆	XINJIANG	84	83	38	36	46	47

7－2　1998—1999年全国旅行社外联

TOURISTS RECEIVED BY

	1999年总人数 1999 TOTAL	外国人 FOR－EIGNERS	华　侨 OVERSEAS CHINESE	港澳同胞 HONG KONG & MACAU	台湾同胞 TAIWAN PROVINCE
入境旅游人数 VISITOR ARRIVALS	**72 795 594**	**8 432 296**	**108 141**	**61 670 509**	**2 584 648**
1.入境过夜旅游者人数 TOURISTS(OVERNIGHT VISITORS)	27 046 577	6 719 645	108 141	17 961 455	2 257 336
#旅行社外联人数 BY TRAVEL AGENCIES	3 845 196	2 281 036	128 680	966 326	469 154
(1)中国国际旅行社 BY CITS*	1 002 524	806 593	0	155 623	40 308
(2)中国旅行社 BY CTS**	651 052	239 818	31 626	284 255	95 353
(3)中国青年旅行社 BY CYTS***	397 557	350 832	28 012	5 011	13 702
(4)其他旅行社 BY OTHERS	1 794 063	883 793	69 042	521 437	319 791
2.一日游游客人数 SAME－DAY VISITORS	45 749 017	1 712 651	0	43 709 054	327 312

NOTES：　*　CITS：CHINA INTERNATIONAL TRAVEL SERVICE

**　CTS：CHINA TRAVEL SERVICE

***　CYTS：CHINA YOUTH TRAVEL SERVICE

入境旅游者人数
TRAVEL AGENCIES 1998 – 1999

单　位：人
UNIT：PERSON

1998 年总人数 1998 TOTAL	外国人 FOR – EIGNERS	华　侨 OVERSEAS CHINESE	港澳同胞 HONG KONG & MACAU	台湾同胞 TAIWAN PROVINCE	1999 年比 1998 年增　长 (%) GROWTH (%)
63 478 401	**7 107 747**	**120 704**	**54 075 348**	**2 174 602**	**14.7**
25 072 863	5 598 326	120 704	17 400 837	1 952 996	7.9
2 900 134	1 757 048	79 843	786 752	276 491	32.6
774 543	610 491	1 876	139 899	22 277	29.4
537 877	189 119	13 831	267 006	67 921	21.0
357 571	320 921	20 123	4 512	12 015	11.2
1 230 143	636 517	44 013	375 335	174 278	45.8
38 405 538	1 509 421	0	36 674 511	221 606	19.1

7－3 1999年旅行社外联

TOURISTS RECEIVED BY

地区 LOCALITY		1999年总计 TOTAL,1999 人数(人) ARRIVALS	人天数(人天) NIGHTS	平均停留(天) AVERAGE STAY	外国人 FOREIGNERS 人数(人) ARRIVALS	人天数(人天) NIGHTS	平均停留(天) AVERAGE STAY
总计	**TOTAL**	**3 845 196**	**16 004 913**	**4.16**	**2 281 036**	**10 403 061**	**4.56**
北京	BEIJING	1 031 289	5 457 656	5.29	938 534	5 035 705	5.37
天津	TIANJIN	35 960	185 875	5.17	35 587	184 088	5.17
河北	HEBEI	11 427	59 585	5.21	5 095	33 673	6.61
山西	SHANXI	11 733	51 177	4.36	7 722	29 477	3.82
内蒙古	INNERMONGOLIA	83 663	143 400	1.71	83 218	141 479	1.70
辽宁	LIAONING	43 010	158 798	3.69	31 828	108 574	3.41
吉林	JILIN	3 369	16 906	5.02	3 120	14 664	4.70
黑龙江	HEILONGJIANG	93 214	189 074	2.03	88 272	175 868	1.99
上海	SHANGHAI	297 647	1 181 634	3.97	252 393	1 010 155	4.00
江苏	JIANGSU	186 268	999 665	5.37	95 083	510 995	5.37
浙江	ZHEJIANG	192 054	1 066 705	5.55	68 993	423 809	6.14
安徽	ANHUI	28 450	169 985	5.97	9 107	45 714	5.02
福建	FUJIAN	169 799	784 848	4.62	47 092	257 986	5.48
江西	JIANGXI	6 095	34 287	5.63	2 049	13 197	6.44
山东	SHANDONG	61 992	374 583	6.04	43 277	244 040	5.64
河南	HENAN	20 469	82 098	4.01	8 858	54 403	6.14
湖北	HUBEI	12 302	38 762	3.15	8 206	30 430	3.71
湖南	HUNAN	29 225	121 410	4.15	13 294	52 263	3.93
广东	GUANGDONG	924 300	2 273 577	2.46	208 824	490 798	2.35
广西	GUANGXI	134 457	440 542	3.28	58 241	206 894	3.55
海南	HAINAN	121 346	424 315	3.50	17 658	71 315	4.04
重庆	CHONGQING	23 066	97 271	4.22	10 197	47 540	4.66
四川	SICHUAN	61 431	351 896	5.73	37 972	210 046	5.53
贵州	GUIZHOU	9 448	57 272	6.06	2 992	15 944	5.33
云南	YUNNAN	106 050	435 925	4.11	74 671	292 864	3.92
西藏	TIBET	13 495	117 403	8.70	12 987	113 810	8.76
陕西	SHAANXI	84 552	439 672	5.20	72 771	385 641	5.30
甘肃	GANSU	4 849	40 188	8.29	2 165	17 577	8.12
青海	QINGHAI	696	4 371	6.28	401	2 601	6.49
宁夏	NINGXIA	212	2 169	10.23	140	1 395	9.96
新疆	XINJIANG	43 328	203 864	4.71	40 289	180 116	4.47

入境旅游者情况(按地区分)
TRAVEL AGENCIES & LOCALITY 1999

华侨 OVERSEAS CHINESE			港澳同胞 HONG KONG & MACAU			台湾同胞 TAIWAN PROVINCE		
人数(人) ARRIVALS	人天数(人天) NIGHTS	平均停留(天) AVERAGE STAY	人数(人) ARRIVALS	人天数(人天) NIGHTS	平均停留(天) AVERAGE STAY	人数(人) ARRIVALS	人天数(人天) NIGHTS	平均停留(天) AVERAGE STAY
128 680	**575 457**	**4.47**	**966 326**	**2 873 610**	**2.97**	**469 154**	**2 152 785**	**4.59**
12 288	60 420	4.92	49 721	208 293	4.19	30 746	153 238	4.98
0	0	—	59	216	3.66	314	1 571	5.00
0	0	—	6 182	25 084	4.06	150	828	5.52
381	1 925	5.05	1 734	6 572	3.79	1 896	13 203	6.96
52	416	8.00	393	1 505	3.83	0	0	—
380	2 456	6.46	6 602	25 668	3.89	4 200	22 100	5.26
22	149	6.77	0	0	—	227	2 093	9.22
0	0	—	2 315	4 926	2.13	2 627	8 280	3.15
8 693	47 658	5.48	15 106	36 327	2.40	21 455	87 494	4.08
6 941	46 327	6.67	48 869	229 990	4.71	35 375	212 353	6.00
15 782	89 106	5.65	48 289	213 404	4.42	58 990	340 386	5.77
0	0	—	3 478	14 515	4.17	15 865	109 756	6.92
9 148	64 618	7.06	43 848	88 836	2.03	69 711	373 408	5.36
221	1 050	4.75	3 136	16 840	5.37	689	3 200	4.64
304	1 420	4.67	13 912	101 423	7.29	4 499	27 700	6.16
1 849	2 112	1.14	5 942	15 586	2.62	3 820	9 997	2.62
1 143	1 987	1.74	1 600	3 371	2.11	1 353	2 974	2.20
2	8	4.00	905	4 291	4.74	15 024	64 848	4.32
60 351	202 766	3.36	568 369	1 324 323	2.33	86 756	255 690	2.95
1 303	5 739	4.40	22 210	79 273	3.57	52 703	148 636	2.82
3 764	12 908	3.43	84 763	270 921	3.20	15 161	69 171	4.56
2 726	16 471	6.04	3 661	15 252	4.17	6 482	18 008	2.78
943	5 376	5.70	7 892	46 943	5.95	14 624	89 531	6.12
0	0	—	2 288	11 837	5.17	4 168	29 491	7.08
616	2 352	3.82	15 321	74 685	4.87	15 442	66 024	4.28
69	436	6.32	197	1 537	7.80	242	1 620	6.69
1 399	6 676	4.77	7 053	30 095	4.27	3 329	17 260	5.18
258	2 520	9.77	1 268	10 182	8.03	1 158	9 909	8.56
0	0	—	38	372	9.79	257	1 398	5.44
0	0	—	72	774	10.75	0	0	—
45	561	12.47	1 103	10 569	9.58	1 891	12 618	6.67

八、旅游企业基本情况

8. STATISTICS OF TOURISM ENTERPRISES

8-1 1999年全国国际旅游业从业人数(按单位分)

BREAKDOWN EMPLOYEES OF INTERNATIONAL TOURISM INDUSTRY 1999

单 位:人

UNIT:PERSON

地 区 LOCALITY	合 计 TOTAL	旅游涉外饭店 HOTELS	旅行社 TRAVEL AGENCIES	旅游车船公司 COACH & CRUISE COMPANIES	旅游管理机构 TOURISM ADMINISTRATIVE INSTITUTIONS	其 他 OTHERS
总 计 TOTAL	**1 944 867**	**1 215 997**	**108 830**	**143 996**	**19 062**	**456 982**
北 京 BEIJING	302 005	121 820	16 000	79 987	387	83 811
天 津 TIANJIN	23 567	16 521	1 272	333	137	5304
河 北 HEBEI	28 475	24 210	987	40	2 340	898
山 西 SHANXI	32 693	18 765	2 366	186	769	10 607
内蒙古 INNERMONGOLIA	12 885	11 978	628	104	175	0
辽 宁 LIAONING	72 323	53 022	2 186	275	2 375	14 465
吉 林 JILIN	22 282	18 089	831	336	414	2 612
黑龙江 HEILONGJIANG	23 064	20 054	2 183	0	384	443
上 海 SHANGHAI	87 800	63 684	6 075	10 080	85	7 876
江 苏 JIANGSU	90 631	76 816	6 430	1 864	690	4 831
浙 江 ZHEJIANG	89 962	80 199	5 520	1 417	883	1 943
安 徽 ANHUI	45 006	29 838	2 923	277	783	11 185
福 建 FUJIAN	46 324	40 368	4 994	468	416	78
江 西 JIANGXI	13 164	10 912	2 044	0	208	0
山 东 SHANDONG	78 472	63 118	3 935	739	972	9 708
河 南 HENAN	33 157	29 768	3 087	150	152	0
湖 北 HUBEI	52 207	44 145	2 914	776	784	3 588
湖 南 HUNAN	46 319	42 822	1 912	228	554	803
广 东 GUANGDONG	575 162	245 082	18 395	42 124	1 534	268 027
广 西 GUANGXI	57 225	39 861	5 888	2 732	793	7 951
海 南 HAINAN	31 026	28 782	1 509	0	693	42
重 庆 CHONGQING	24 480	13 683	1 985	0	273	8 539
四 川 SICHUAN	42 906	34 110	2 549	789	967	4 491
贵 州 GUIZHOU	16 678	9 830	831	263	314	5 440
云 南 YUNNAN	31 735	23 596	4 631	265	955	2 288
西 藏 TIBET	4 862	3 749	616	120	50	327
陕 西 SHAANXI	19 230	15 329	2 501	51	350	999
甘 肃 GANSU	10 318	8 239	1 557	106	172	244
青 海 QINGHAI	3 054	2 725	238	23	57	11
宁 夏 NINGXIA	5 680	4 934	185	60	94	407
新 疆 XINJIANG	22 175	19 948	1 658	203	302	64

8-2 1995—1999年全国主要城市
*国际旅游业从业人数
* EMPLOYEES OF INTERNATIONAL TOURISM INDUSTRY **1995-1999**

单 位:人
UNIT:PERSON

城 市 NAME OF CITY		1995年 1995	1996年 1996	1997年 1997	1998年 1998	1999年 1999
全 国	**TOTAL**	**1 115 798**	**1 196 749**	**1 359 423**	**1 830 000**	**1 944 867**
#	**OF WHICH**					
北 京	BEIJING	162 647	156 549	168 782	185 080	302 005
天 津	TIANJIN	16 579	22 189	23 208	26 307	23 567
石家庄	SHIJIAZHUANG	6 203	5 756	6 686	7 908	8 143
秦皇岛	QINHUANGDAO	6 548	3 797	4 248	5 654	3 833
承 德	CHENGDE	2 366	2 041	2 939	2 737	2 462
太 原	TAIYUAN	3 524	5 472	7 178	7 321	9 300
大 同	DATONG	1 718	1 784	2 503	2 623	6 246
呼和浩特	HOHHOT	3 364	3 796	2 677	3 706	3 398
沈 阳	SHENYANG	8 199	15 868	20 330	24 210	27 635
大 连	DALIAN	12 835	17 623	21 059	21 639	24 695
长 春	CHANGCHUN	7 434	9 892	12 316	14 341	11 824
吉 林	JILIN	5 000	3 196	3 198	3 535	3 775
延 边	YANBIAN	3 085	3 939	6 000	4 084	3 647
哈尔滨	HARBIN	9 934	9 995	12 764	7 514	9 060
上 海	SHANGHAI	67 686	70 403	71 856	76 238	87 800
南 京	NANJING	18 918	22 265	28 326	27 908	26 361
无 锡	WUXI	11 794	13 001	14 564	16 115	13 769
苏 州	SUZHOU	12 143	13 233	14 607	14 974	16 857
南 通	NANTONG	2 059	4 095	4 279	4 416	4 011
连云港	LIANYUNGANG	1 794	2 530	2 397	2 373	3 005
杭 州	HANGZHOU	18 850	21 887	26 552	32 035	31 302
宁 波	NINGBO	8 996	11 166	12 344	15 380	14 288
温 州	WENZHOU	3 933	5 985	6 459	9 941	8 415
合 肥	HEFEI	4 264	6 671	6 587	7 845	8 535
黄 山	HUANGSHAN	5 006	6 654	8 617	7 263	8 060
福 州	FUZHOU	11 322	12 105	13 849	10 619	15 228
厦 门	XIAMEN	10 206	12 672	13 210	13 852	13 652
泉 州	QUANZHOU	2 918	3 886	5 748	4 129	7 277
漳 州	ZHANGZHOU	2 345	3 069	2 758	1 907	2 963

8－2 续表

城　　市 NAME OF CITY		1995年 1995	1996年 1996	1997年 1997	1998年 1998	1999年 1999
南　昌	NANCHANG	5 158	6 684	6 731	8 289	7 540
九　江	JIUJIANG	1 228	1 344	2 064	949	979
济　南	JINAN	12 475	9 092	12 925	15 981	13 527
青　岛	QINGDAO	16 367	13 557	37 518	38 089	24 233
烟　台	YANTAI	4 416	5 129	10 521	10 758	10 767
威　海	WEIHAI	5 385	6 002	6 486	7 691	6 901
郑　州	ZHENGZHOU	7 460	4 294	9 024	9 042	9 100
洛　阳	LUOYANG	6 600	3 139	4 648	5 522	5 569
武　汉	WUHAN	18 879	20 688	28 069	26 627	20 867
长　沙	CHANGSHA	12 000	10 582	6 068	12 488	8 196
广　州	GUANGZHOU	107 615	412 200	411 800	411 627	409 651
深　圳	SHENZHEN	56 375	54 501	50 677	49 052	50 686
珠　海	ZHUHAI	11 644	14 478	13 956	13 613	13 262
汕　头	SHANTOU	9 355	8 312	7 450	8 371	7 472
湛　江	ZHANJIANG	6 379	6 317	6 497	7 603	4 226
中　山	ZHONGSHAN	10 020	9 934	7 310	9 235	10 244
南　宁	NANNING	4 136	6 881	9 703	9 019	11 909
桂　林	GUILIN	13 160	13 862	14 972	14 321	16 477
北　海	BEIHAI	3 423	4 169	4 795	4 712	5 219
海　口	HAIKOU	16 558	17 595	18 655	9 019	13 020
三　亚	SANYA	7 064	6 383	6 041	8 079	8 408
重　庆	CHONGQING	9 896	8 971	13 459	24 377	24 480
成　都	CHENGDU	16 164	17 498	20 715	23 482	20 264
贵　阳	GUIYANG	8 945	9 146	9 243	8 903	9 095
昆　明	KUNMING	13 597	12 576	10 185	11 475	13 755
拉　萨	LHASA	2 374	3 050	3 328	2 778	3 748
西　安	XI'AN	12 750	14 226	15 077	10 868	11 979
兰　州	LANZHOU	8 141	7 013	8 479	9 619	6 180
西　宁	XINING	2 244	2 808	2 584	2 583	2 677
银　川	YINCHUAN	2 336	2 516	2 614	3 819	4 194
乌鲁木齐	URUMQI	9 566	8 955	7 056	9 573	12 525

注：* 国际旅游业从业人数：指接待入境旅游者的旅游涉外饭店、旅行社、旅游车船公司、旅游行政管理部门等旅游企事业单位的直接就业人数。

NOTE: * INCLUDING THE DIRECT EMPLOYMENT IN HOTELS, TRAVEL AGENCIES, TOURISM ENTERPRISES, BOAT & VEHICLE COMPANIES AND TOURISM ADMINISTRATIONS OTHER THAN THOSE INDIRECT EMPLOYMENT IN CAAC, RAILWAY COMMUNICATION, TOURISM SHOPS AND OTHER SECTORS CONCERNED.

8－3　1999年全国旅游院校基本情况

MAJOR STATISTICS OF TOURISM SCHOOLS & COLLEGES 1999

地　区 LOCALITY	旅游院校数（所） NUMBER OF TOURISM SCHOOLS AND COLLEGES			旅游院校学生数（人） NUMBER OF STUDENTS AT TOURISM SCHOOLS AND COLLEGES		
	总计 TOTAL	高等院校 INSTITUTES OF HIGHER EDUCATION	中等职业学校 SECONDARY PROFE－SSIONAL SCHOOLS	总计 TOTAL	高等院校 INSTITUTES OF HIGHER EDUCATION	中等职业学校 SECONDARY PROFE－SSIONAL SCHOOLS
总　计 TOTAL	**1 187**	**209**	**978**	**276 429**	**54 041**	**222 388**
北　京 BEIJING	71	4	67	38 603	1 283	37 320
天　津 TIANJIN	17	3	14	5 633	440	5 193
河　北 HEBEI	22	6	16	6 226	1 127	5 099
山　西 SHANXI	3	2	1	2 830	640	2 190
内蒙古 INNERMONGOLIA	10	3	7	1 207	572	635
辽　宁 LIAONING	89	12	77	24 491	4 048	20 443
吉　林 JILIN	8	6	2	1 499	289	1 210
黑龙江 HEILONGJIANG	40	12	28	11 039	4 303	6 736
上　海 SHANGHAI	39	17	22	27 899	3 054	24 845
江　苏 JIANGSU	180	16	164	34 189	6 962	27 227
浙　江 ZHEJIANG	43	8	35	5 528	2 403	3 125
安　徽 ANHUI	146	4	142	5 758	1 158	4 600
福　建 FUJIAN	64	9	55	12 414	1 486	10 928
江　西 JIANGXI	14	5	9	3 537	1 126	2 411
山　东 SHANDONG	75	7	68	13 816	1 283	12 533
河　南 HENAN	21	7	14	8 700	833	7 867
湖　北 HUBEI	30	14	16	14 696	6 743	7 953
湖　南 HUNAN	18	9	9	3 986	2 237	1 749
广　东 GUANGDONG	10	6	4	5 570	1 335	4 235
广　西 GUANGXI	52	5	47	5 254	1 863	3 391
海　南 HAINAN	7	3	4	3 200	828	2 372
重　庆 CHONGQING	50	16	34	8 508	2 635	5 873
四　川 SICHUAN	23	8	15	4 875	1 638	3 237
贵　州 GUIZHOU	9	4	5	1 294	594	700
云　南 YUNNAN	91	9	82	13 625	2 755	10 870
西　藏 TIBET	2	1	1	187	92	95
陕　西 SHAANXI	9	3	6	5 075	1 034	4 041
甘　肃 GANSU	15	3	12	3 666	482	3 184
青　海 QINGHAI	5	2	3	890	330	560
宁　夏 NINGXIA	2	1	1	330	80	250
新　疆 XINJIANG	22	4	18	1 904	388	1 516

附　　录

APPENDIX

旅游统计基本概念和主要指标解释

1. 游客： 指任何为休闲、娱乐、观光、度假、探亲访友、就医疗养、购物、参加会议或从事经济、文化、体育、宗教活动，离开常住国（或常住地）到其他国家（或地方），其连续停留时间不超过12个月，并且在其他国家（或其他地方）的主要目的不是通过所从事的活动获取报酬的人。

游客不包括因工作或学习在两地有规律往返的人。

游客按出游地分为国际游客（即入境游客）和国内游客。按出游时间分为旅游者（过夜游客）和一日游游客（不过夜游客）。

2. 常住国： 指一个人在近一年的大部分时间所居住的国家（或地区）或在这个国家（或地区）只居住了较短的时间，但在12个月内仍将返回的这个国家（或地区）。

3. 常住地： 指一个常住国的居民，在近一年的大部分时间所居住的城镇或在这个城镇只居住了较短的时期，但在12个月内仍将返回的这个城镇。判定一个游客是国际游客还是国内游客不是根据这个游客的国籍而是根据他的常住国或常住地而定。

4. 入境旅游人数： 指报告期内来我国观光、度假、探亲访友、就医疗养、购物、参加会议或从事经济、文化、体育、宗教活动的外国人、港澳台同胞等入境游客。统计时，外国人、港澳台同胞每入境一次统计1人次，即入境旅游人数。

入境旅游人数包括入境（过夜）旅游者和入境一日游游客。

5. 入境（过夜）旅游者： 指入境游客中，在我国旅游住宿设施内至少停留一夜的外国人、华侨、港澳台同胞。

入境（过夜）旅游者不包括下列人员：① 应邀来华访问的政府部长以上官员及其随行人员；② 外国驻华使领馆官员、外交人员以及随行的家庭服务人员和受赡养者；③ 常驻我国一年以上的外国专家、留学生、记者、商务机构人员等；④ 乘坐国际航班过境不需要通过护照检查进入我国口岸的中转旅客；⑤ 边境地区往来的边民；⑥ 回内地（大陆）定居的港澳台同胞；⑦ 已在我国定居的外国人和原已出境又返回在我国定居的外国侨民；⑧ 归国的我国出国人员。

6. 入境一日游游客： 指入境游客中，未在我国旅游住宿设施内过夜的外国人、华侨、港澳台同胞。入境一日游游客应包括乘坐游船、游艇、火车、汽车来华旅游，在车（船）上过夜的游客和机、车、船上乘务人员，但不包括在境外（内）居住而在境内（外）工作，当天往返的港澳同胞和周边国家的边民。

7. **国内游客：** 指报告期内在国内观光游览、度假、探亲访友、就医疗养、购物、参加会议或从事经济、文化、体育、宗教活动的本国居民，其出游的目的不是通过所从事的活动谋取报酬。统计时，国内游客按每出游一次统计 1 人次。国内游客包括国内（过夜）旅游者和国内一日游游客。

8. **国内（过夜）旅游者：** 指国内居民离开惯常居住地在境内其他地方的旅游住宿设施内至少停留一夜，最长不超过 12 个月的国内游客。国内旅游者应包括在我国境内常住一年以上的外国人、港澳台同胞。但不包括到各地巡视工作的部级以上领导、驻外地办事机构的临时工作人员、调遣的武装人员、到外地学习的学生、到基层锻炼的干部、到境内其他地区定居的人员和无固定居住地的无业游民。

9. **国内一日游游客：** 指国内居民离开惯常居住地 10 公里以上，出游时间超过 6 小时，不足 24 小时，并未在境内其他地方的旅游住宿设施过夜的国内游客。

10. **国籍：** 是指给游客颁发护照（或其他身份文件）的政府所在的国家。

11. **外国人：** 指属外国国籍的人，加入外国国籍的中国血统华人也计入外国人。

12. **港澳台同胞：** 指居住在我国香港特别行政区、澳门特别行政区和台湾省的中国同胞。

13. **职业：** 旅游者在本次旅游前所从事的职业。

14. **出境游客（出境旅游人数）：** 指我国（大陆）公民因公或因私出境前往其他国家或地区观光、度假、探亲访友、就医疗养、购物、参加会议或从事经济、文化、体育、宗教活动的人数（即出境游客）。统计时，出境游客按每出境一次统计 1 人次。出境游客包括出境（过夜）旅游者和出境一日游游客。

15. **出境（过夜）旅游者：** 指我国大陆居民出境旅游，并在境外其他国家或地区的旅游住宿设施至少停留一夜的游客。

16. **出境一日游游客：** 指我国大陆居民出境旅游，在境外停留时间不超过 24 小时，并未在境外其他国家或地区的旅游住宿设施内过夜的游客。

17. **旅游收入：** 游客（入境游客和国内游客）在旅游过程中（由游客或游客的代表为游客）支付的一切旅游支出就是国家（省、区、市）的旅游收入。游客的旅游支出应包括（过夜）旅游者和一日游游客在整个游程中行、游、住、食、购、娱，以及为亲友、家人购买纪念品、礼品等方面的旅游支出，不包括为商业目的购物、购买房、地、车、船等资本性或交易性的投资、馈赠亲友的现金及给公共机构的捐赠。旅游收入包括国际旅游（外汇）收入和国内旅游收入。

18. **国际旅游（外汇）收入：** 入境旅游者在中国（大陆）境内旅行、游览过程中用于交通、参观游览、住宿、餐饮、购物、娱乐等全部花费。

19. **国内旅游收入：** 指国内旅游者在国内旅行、游览过程中用于交通、参观游览、住宿、餐饮、购物、娱乐等全部花费。

20. **团体入境游客（简称“团队”）：** 指参加旅游团（通常采用综合包价、小包价、国际会议、海洋游船、应邀来访及临时组织的旅游团等形式)来中国大陆旅游的入境旅游者及入境一日游游客。

21. **提供单项服务人数：** 指未参加旅游团来中国大陆旅游或仅由旅行社办理委托手续(包括接送、预订饭店、订机(车、船)票、导游等服务项目),并按零星价格承办而不参加旅行团的入境旅游者及入境一日游游客。

22. **旅行社外联入境游客人数：** 指报告期内旅行社自组外联的入境游客人数,反映旅行社对外招徕的能力。旅行社按以下要求统计外联人数:①国际游客入境后不论其停留时间多少、旅游线路长短,只统计一次;②旅行社只统计本社自主外联团的实到人数,非本社外联,仅由本社接受委托办理签证的人数不包括在内。

23. **旅行社接待入境游客人数：** 指报告期内旅行社实际接待的团队及零散入境旅游者和入境一日游游客人数,以反映旅行社的接待工作量。旅行社接待入境游客的人数,既包括本社外联并接待的团队游客,也包括接受其他旅行社委托接待的团队游客。

24. **旅行社外联入境旅游者人天数：** 指报告期内旅行社外联的每个入境旅游者在境内实际停留的天数之和。仅委托办理有关手续或提供单项服务的零散入境游客不计算人天。外联一日游游客超过6小时的按1人天统计。

25. **旅行社接待入境旅游者人天数：** 指报告期内旅行社接待的每个入境旅游者在本省、市实际停留的天数之和。仅委托办理有关手续或提供单项服务的零散入境游客不计算人天。

26. **国内旅游组团人数(人天数)：** 指报告期内旅行社招徕组织国内团队游客人数(人天数)。组团人数包括国内旅游者人数和国内一日游游客人数。

27. **国内旅游接待人数(人天数)：** 指报告期内旅行社接待国内团队游客人数 (人天数)。接待人数(人天数)包括本社组团本社接待和外社组团本社接待的国内游客人数(人天数)。

28. **旅游住宿设施(旅馆业)：** 指任何定期(或临时)为旅游者提供住宿条件的设施。旅游住宿设施包括旅游饭店、宾馆、公寓、旅店、招待所、江河及海洋游船、培训中心、疗养院、度假村、假日营地、私人寓所、家庭住宅的出租客房及亲友提供的免费住宿设施等。

29. **旅游涉外饭店：** 指经公安、工商、旅游等有关部门批准的可以接待入境旅游者的住宿设施。旅游涉外饭店既包括已评定星级的饭店、涉外游船、公寓,也包括尚未评定星级标准的其他旅游饭店。

30. **旅游涉外饭店接待人数(人天数)：** 指报告期内旅游者在旅游涉外饭店住宿的人数(人天数)。不论其住宿夜数多少,每接待一位旅游者只统计一次人数;一个旅游者住宿几夜,相应计算几个人天数。

31. **客房出租率：** 指报告期内客房实际出租间天数除以报告期内客房可出

租间天数的百分数。其计算公式为：

$$客房出租率(\%)=\frac{\sum 客房实际出租间天数(间天)}{\sum 客房核定出租间天数(间天)}\times 100$$

32. **客房实际平均价格：** 指报告期内旅游涉外饭店(宾馆)、公寓、涉外游船实际出租客房、公寓的平均价格。其计算公式为：

客房实际平均价格(元/间天)=客房收入(元)/客房实际出租间天数(间天)

33. **营业收入：** 指企业各项经营业务的收入。饭店(宾馆)、写字楼、公寓、旅店的营业收入(总额)，包括客房收入、餐饮收入、商品部收入、车队收入、其他收入等；旅行社的营业收入(总额)，包括综合服务收入、组团外联收入、零星服务收入、劳务收入、票务收入、旅游及加项收入、其他收入等；酒楼、餐馆等饮食企业的营业收入包括餐费收入、冷热饮收入、服务收入、其他收入等；从事咨询服务的咨询公司的服务收入，也计入本科目。

旅行社(不论是组团社还是接团社)组织境外旅游者到国内旅游，应以旅行团队离境(或离开本地)时确认营业收入实现；旅行社组织国内旅游者到境外旅游，应以旅行团旅行结束返回时确认营业收入实现；旅行社组织国内旅游者在国内旅游，也应以旅行团旅行结束返回时确认营业收入实现。

旅行社、旅游涉外饭店营业收入不包括本单位直属其他独立核算企业的营业收入。

34. **营业税金及附加(即业务税金及附加)：** 指企业与营业收入有关的，应由各项经营业务负担的税金及附加，包括营业税、城市维护建设税及教育费附加等。饭店(宾馆)、公寓、旅店、酒楼、餐馆等企业应按营业收入的一定比例计算缴纳营业税；旅行社应按营业收入净额(营业收入总额扣除代收代付的房费、餐费、交通费等费用)计算缴纳营业税。

35. **经营利润：** 指企业经营取得的收入，也可理解是一种毛利润，经营利润等于营业收入减去营业成本、营业费用、营业税金及附加。

36. **营业利润：**是利润总额的主要组成部分。指企业经营利润减去管理费用、财务费用后的差额。

37. **利润总额：** 指企业在一定时期内实现的盈亏总额，反映企业最终的财务成果。计算公式为：

利润总额=营业利润+补贴收入+投资收益+营业外收入-营业外支出

该指标如小于零，表示亏损。

38. **固定资产原价：** 指企业在建造、购置、安装、改建、扩建、技术改造某项固定资产时所支出的全部货币总额。

39. **固定资产净值：** 指企业固定资产原价扣除累计折旧后的余额。

40. **年末从业人员：** 指年度末由企业支付工资的各类职工(包括正式职工、合同制职工、临时工、计划外用工等)的人数。

41. **企业登记注册类型：** 以企业在工商部门登记注册时的企业类型为依据，按国家统计局与国家工商行政管理局联合制定的《关于划分企业登记注册类型的规定》分为：内资企业、港澳台商投资企业、外商投资企业。内资企业包括：国有企业、集体企业、股份合作企业、有限责任公司、股份有限公司、私营企业和其他企业。港澳台商投资企业包括：合资经营企业、合作经营企业、港澳台商独资企业和港澳台商投资股份有限公司。外商投资企业包括：中外合资经营企业、中外合作经营企业、外资（独资）企业、外商投资股份有限公司。

42. **旅游高等院校：** 指国家承认学历、开设旅游学院（系、专业）的普通高等院校和成人高等院校。

43. **旅游中等职业学校：** 指国家承认学历的旅游中等专业学校、旅游职业中学（高中）及开设旅游专业班的技校和普通中学。

44. **当年招生数：** 指经国家教育行政部门批准，当年9月份该专业实际招收的新生人数。

45. **当年毕业生数：**指当年7月份离校的该专业毕业生人数。

46. **当年在校生数：** 指当年毕业生已离校、招收新生入校后该专业在校所有年级的学生总人数（上年在校生数＋当年招生数＋当年毕业生数）。

TECHNICAL NOTES

1. **Visitor** – refers to any person who travels to a country (or place) other than that of his or her residence for a period not exceeding 12 months for leisure, entertainment, sightseeing, holiday, visiting relatives or friends, medical care, shopping, meeting, or taking part in economic, cultural, sports or religious activities, where the main purpose of the travel is not for remuneration.

A visitor does not refer to any person who commutes between two places regularly for career or education.

According to the origin of the travel, visitors are classified as international visitors (i.e., inbound visitors) and domestic visitors. According to the length of stay, visitors are classified as tourists (i.e., overnight visitors) and same – day visitors (non – overnight visitors).

2. **Country of Residence** – refers to the country (or region) where a person resides for most of the time over the past year, or for a short period of time but then the person returns within 12 months.

3. **Place of Residence** – refers to the city (or town) where a person resides for most of the time over the past year, or for a short period of time but the person returns within 12 month. The criterion to classify whether a visitor is an international visitor or a domestic visitor is not the person's citizenship, but his or her country of residence or place of residence.

4. **International Visitors (Inbound Visitor Arrivals)** – refer to foreigners or compatriots from Hong Kong, Macao and Taiwan who come to China within the reporting time frame for sightseeing, holiday, visiting friends and relatives, medical care, shopping, meeting, or taking part in economic, cultural, sports or religious activities. Each time of entry is recorded as one time of arrival, and the total sum makes up the inbound visitor arrivals.

Inbound visitor arrivals (international visitors) include inbound (overnight) tourists and inbound same – day visitors.

5. **Inbound (overnight) tourists** – refer to those inbound visitors who stay at least for one night at tourist accommodation establishments in China.

Inbound (overnight) tourists do not include following persons:

(1) Officials of ministerial level or above and their aids and escorts who come to visit China at the invitation of Chinese;

(2) Officials and diplomats of foreign diplomatic missions to China, including their household service people and dependents;

(3) Foreign experts, students, journalists, trade representatives who stay in China over one

year;

(4) Transit passengers of international flights without going through Chinese frontier checks;

(5) Border residents;

(6) Compatriots from Hong Kong, Macao and Taiwan who reside in the mainland permanently;

(7) Foreigners who has already become residents in the country or who left the country but has returned to reside in the country;

(8) Chinese nationals who return from foreign countries.

6. **Inbound Same - day Visitors** - refer to those inbound visitors who do not stay overnight in the tourist accommodation establishments. They include visitors, drivers, crewmembers who stay overnight on board of cruise ships, yachts, trains or motor vehicles, but they do not include those compatriots from Hong Kong, Macao and Taiwan and those residents of the bordering countries who reside outside (inside) while work inside (outside) China.

7. **Domestic Visitors** - refer to Chinese nationals who travel within the country within the reporting time frame for sightseeing, holiday, visiting friends and relatives, medical care, shopping, meeting, or taking part in economic, cultural, sports or religious activities. Their purposes of travel are not for remuneration from the activities afore mentioned. Each time of their travel is recorded as one person time. Domestic visitors include domestic (overnight) tourists and domestic same - day visitors.

8. **Domestic Tourist** - refers to any residents of the country who leaves his or her usual place of residence and travels to another place within the country and stay at least one night but not exceeding 12 months at the tourist accommodation establishments, where the main purpose of the travel is not for remuneration. Domestic tourists should include those foreigners and compatriots from Hong Kong, Macao and Taiwan who reside in the country over one year; They do not include officials at the ministerial level and above on inspection trips, temporary staff members in the offices in other cities, military staff mobilized to other areas, students studying in other places of the country, government employees on field training, people who travel to another place to reside, and people without fixed residence.

9. **Domestic Same - day Visitor** - refers to a resident of the country who leaves his or her usual place of residence over 10 kilometers away for over 6 hours but less than 24 hours and does not stay overnight in the tourist accommodation establishments in other places.

10. **Citizenship** - refers to the country where the government issues the passport (or other identification documents) to a visitor.

11. **Foreigners** - refer to persons with foreign citizenship, including Chinese descents who have acquired foreign citizenship.

12. **Compatriots of Hong Kong, Macao and Taiwan** - refer to the Chinese compatriots who reside in Hong Kong Special Administrative Region, Macao Special Administrative Region and Taiwan province.

13. **Occupation** - refers to the occupation a visitor holds before the trip.

14. **Outbound Visitor (outbound departure)** – refers to a Chinese (mainland) citizen who departs from China to a foreign country (or region) for leisure, entertainment, sightseeing, holiday, visiting relatives or friends, medical care, shopping, meeting, or taking part in economic, cultural, sports or religious activities. Each time of departure is recorded as one person time. Outbound visitors include outbound (overnight) tourists and outbound same – day visitors.

15. **Outbound Tourist** – refers to a resident of the mainland who departs the country for travel and stays at least one night at the tourist accommodation establishments in another country or region.

16. **Outbound Same – day Visitor** – refers to a resident of the mainland China who makes an outbound travel for less than 24 hours and does not stay overnight in the tourist accommodation establishments in the country or region.

17. **Tourism Receipts** – all the expenditures made by visitors (inbound visitors and domestic visitors) or by representatives of the visitors in the course of their travel constitute the tourism receipts of a country (province, region, city). Tourism expenditures of visitors should include expenses made by (overnight) tourists and same – day visitors throughout their travel on transport, tours, lodging, food, shopping, entertainment, and souvenirs and gifts for friends and relatives. Tourism expenditures do not include purchases of goods, real estate, house, motor vehicle, water vessel for commercial purposes, neither include capital nor transactional investments, cash given to friends and relatives, donations to public organizations. Tourism receipts include international tourism (foreign exchange) receipts and domestic tourism receipts.

18. **International Tourism (foreign exchange) Receipts** – refer to the total expenditure made by inbound tourists within the territory of China (the mainland) in their course of travel on transport, tours and sightseeing, lodging, food and beverage, shopping, entertainment and etc.

19. **Domestic Tourism Receipts** – refer to the total expenditure made by domestic tourists within the territory of China (the mainland) in their course of travel on transport, tours and sightseeing, lodging, food and beverage, shopping, entertainment and etc.

20. **Group Inbound Visitors ("Groups" for short)** – refer to inbound tourists and same – day visitors who travel to the mainland China as groups (usually the groups are in the form of all – inclusive packages, small packages, international conferences, cruise liners, invited groups and temporarily organized tourist groups).

21. **Number of Visitors Requiring Individual Services** – refer to inbound tourists and inbound same – day visitors who do not join in tour groups but entrust travel agents to handle travel procedures (including pick – up and seeing – off, hotel booking, ticket reservation, guide service etc). The service charges are based on those for walk – in customers.

22. **Number of Inbound Visitors Liaised by Travel Agencies** – refers to the number of inbound visitors liaised by any travel agency within the reporting time frame. It reflects the sales abilities of travel agencies. Travel agencies are required to record the number of inbound visitors according to: (1) Upon arrival, the entry of international visitors is recorded only once no matter how long they will stay and how long their itineraries are; (2) Travel agencies record only the actual ar-

rival number of visitors liaised by the travel agencies concerned, excluding the number of visitors liaised by other travel agencies but whose visas are processed by the travel agencies concerned.

23. **Number of Inbound Visitors Received by Travel Agencies** – refers to the number of group and independent inbound tourists and inbound same – day visitors actually received by the travel agencies concerned within the reporting time frame. This indicator reflects the work load of travel agencies. It includes not only group visitors liaised and received by the travel agencies concerned but also group visitors entrusted by other travel agencies.

24. **Number of Days of Inbound Tourists Liaised by Travel Agencies** – refers to the sum of the days of actual stay of each inbound tourist liaised by travel agencies concerned in a given area within the reporting time frame.

25. **Number of Days of Inbound Tourists Received by Travel Agencies** – refers to the sum of the days of actual stay of each inbound tourist liaised by travel agencies concerned in a given area within the reporting time frame.

26. **Number of Domestic Group Visitors (Days)** – refer to the number of domestic group visitors (days) liaised by travel agencies within the reporting time frame. They include domestic group tourists (days) and domestic group same – day visitors (days).

27. **Number of Domestic Visitors (Days) Received by Travel Agencies** – refer to the number of domestic group visitors (days) received by travel agencies within the reporting time frame. They include domestic visitors organized and received by the travel agencies concerned and domestic visitors organized by other travel agencies but received by the travel agencies concerned.

28. **Tourist Accommodation Establishments (Hotel Industry)** – refer to all kinds of establishments that can accommodate tourists regularly or temporarily. They include tourist hotels, apartments, inns, guesthouses, cruise ships and boats, training centers, sanatoriums, holiday resorts, campsites, private dwellings, family rental rooms and lodging facilities provided by relatives and friends.

29. **International Tourist Accommodation Establishments** – refer to accommodation establishments which are approved by the public security departments, industrial and commercial departments, tourism departments to cater for inbound tourists. They include star – rated and non – star – rated hotels, cruise ships and boats, and apartments that are permitted to receive overseas tourists.

30. **Number of Tourists (Nights) Received at hotels** – refers to the number of tourists (nights) received at international tourist accommodation establishments within the reporting time frame. No matter how many nights a tourist stays, each tourist is recorded only once. The number of nights a tourist stays at a hotel equals the number of tourist nights.

31. **Room Occupancy Rate** – refers to the number of rooms (nights) actually sold divided by the number of rooms (nights) available within the reporting time frame. The formula is as follows:

$$\text{Room Occupancy Rate (\%)} = \frac{\text{Number of Rooms (Nights) Actually Sold}}{\text{Number of Rooms (nights) available}} \times 100\%$$

32. **Actual Average Room Rate** – refers to the actual average price of rooms of tourist ho-

tels, apartments and cruise ships. The formula goes:

Actual average room rate (Yuan/Room Day) = Room sales (Yuan) / Actual number of rooms sold days.

33. **Business Income** – incomes from business operations of an enterprise. Business income of hotels, office buildings, apartments and inns includes sales from rooms, catering, shopping, transport services and other incomes; Business income of travel agencies includes inclusive service charges, handling charges from organizing groups, odd services, labor service, ticketing service, tours and extra service charges, and other incomes; Business incomes of restaurants includes food and beverage sales, service charges, and other incomes; Incomes of consulting services provided by consultant firms are also recorded under this item.

For travel agencies (organizing companies and reception companies) handing inbound tourists, only the realized business incomes upon the departure of the tourist groups from the country (or local area) should be recorded as their business incomes; For travel agencies handling outbound tourists, only the actual realized incomes upon returning of the tourist groups should be recorded as their business income; For travel agencies handling domestic tourists, only the actual realized incomes upon returning of the tourist groups should be recorded as their business income. The business income of the travel agencies or hotels does not include that of their subsidiary enterprises which have independent accounting.

34. **Business Tax and Additional Levies** – refer to taxes and additional levies related to enterprises' business income, including business tax, urban maintenance and construction tax, and additional education levies. Business tax of hotels, apartments, restaurants should be paid based on a certain percentage of the business income; Business tax of travel agencies should be paid based on a certain percentage of net in come.

35. **Operational Revenue** – refers to incomes gained from business operations. It can be understood as one type of gross profit. Operational revenue equals to business income minus business cost, business expenses, business tax and additional levies.

36. **Business Revenue** – is the main body of the gross profit. It refers to operational revenue minus management fees, accounting fees.

37. **Gross Profit** – refers to the balance of total profits and losses within a given period. This indicator reflects the final accounting result. The formula is: Gross profit = business revenue + subsidies income + investment returns + incomes from outside business activities – expenditures outside business activities. If this indicator is small than zero, it stands for loss.

38. **Original Value of Fixed Assets** – refer to the total cash value of the fixed assets of an enterprise when they are set up, purchased, installed, renovated, expanded or technically upgraded.

39. **Net Value of Fixed Assets** – refers to the balance of the original value of fixed assets and accumulated depreciation.

40. **Employment at the End of the Year** – refers to the total number of employees on the payroll at the end of the year. The employees include formal, contract, temporary staff and recruits

outside planned employment.

41. **Category of Enterprise at Registration** – According to the categories of enterprises at registration with industrial and commercial registration offices and basing on the "Regulation on Classifying Categories of Enterprises at Registration" formulated by National Statistics Bureau and National Industrial and Commercial Administration Bureau, enterprises are classified in to following categories: domestic – invested Enterprises, enterprises with Investment from Hong Kong, Macao, or Taiwan, foreign – invested Enterprises. Domestic – invested enterprises include state – owned enterprises, collective – owned enterprises, share holding co – operative enterprises, limited liability enterprises, limited liability shares enterprises, private enterprises, and other categories of enterprises; Enterprises with investment from Hong Kong, Macao, or Taiwan include joint – venture enterprises, co – operative enterprises, fully – Hong Kong, Macao or Taiwan – invested enterprises, and limited liability shares enterprises with Hong Kong, Macao or Taiwan investment; Foreign invested enterprises include Sino – foreign joint – venture enterprises, Sino – foreign co – operative enterprises, fully foreign invested enterprises, limited liability shares enterprises with foreign investment.

42. **Higher Learning Institutions in Tourism** – refer to ordinary higher learning institutions or adult higher learning institutions which have tourism institutes or department or specialty and which grant state recognized educational certificates.

43. **Technical Schools in Tourism** – refer to tourism technical schools, or tourism professional middle (high) schools, or other technical schools or ordinary middle schools which offer tourism courses and grant state recognized educational certificates.

44. **Number of Students Enrolled in the Current Year** – refers to the actual number of students a certain specialty enrolls in September in the current year with the approval of the state educational departments.

45. **Number of Graduates in the Current Year** – refers to the number of graduates from a given school in July in the current year.

46. **Number of Students in School in the Current Year** – refer to the total number of students a school has excluding the graduates who has left and including new enrolment (Number of students of the last year + number of new enrolment in the current year + number of graduates in the current year).

责任编辑:潘超　鲁英委

图书在版编目(CIP)数据

中国旅游统计年鉴　2000/中华人民共和国国家旅游局编.－北京:中国旅游出版社,2000.6
ISBN 7－5032－1741－3

Ⅰ.中…　Ⅱ.中…Ⅲ.旅游经济－经济统计－中国－2000－年鉴　Ⅳ.F592－54

中国版本图书馆 CIP 数据核字(2000)第 63218 号

中国旅游统计年鉴:2000

中华人民共和国国家旅游局　编

*

中国旅游出版社出版

(北京建国门内大街甲九号　100005)

北京市 1201 印刷厂印刷

*

开本:787×1092 毫米　1/16　印张:11　字数:220 千

2000 年 6 月第一版　2000 年 6 月第一次印刷

印数:1－5680　　　定价:40.00 元